ROEMEENS
WOORDENSCHAT

THEMATISCHE WOORDENLIJST

NEDERLANDS ROEMEENS

De meest bruikbare woorden
Om uw woordenschat uit te breiden en
uw taalvaardigheid aan te scherpen

5000 woorden

Thematische woordenschat Nederlands-Roemeens - 5000 woorden
Door Andrey Taranov

Woordenlijsten van T&P Books zijn bedoeld om u woorden van een vreemde taal te helpen leren, onthouden, en bestudering. Dit woordenboek is ingedeeld in thema's en behandelt alle belangrijk terreinen van het dagelijkse leven, bedrijven, wetenschap, cultuur, etc.

Het proces van het leren van woorden met behulp van de op thema's gebaseerde aanpak van T&P Books biedt u de volgende voordelen:

- Correct gegroepeerde informatie is bepalend voor succes bij opeenvolgende stadia van het leren van woorden
- De beschikbaarheid van woorden die van dezelfde stam zijn maakt het mogelijk om woordgroepen te onthouden (in plaats van losse woorden)
- Kleine groepen van woorden faciliteren het proces van het aanmaken van associatieve verbindingen, die nodig zijn bij het consolideren van de woordenschat
- Het niveau van talenkennis kan worden ingeschat door het aantal geleerde woorden

Copyright © 2018 T&P Books Publishing

Alle rechten voorbehouden. Niets uit deze uitgave mag worden verveelvoudigd, opgeslagen in een geautomatiseerd gegevensbestand en/of openbaar gemaakt in enige vorm of op enige wijze, hetzij elektronisch, mechanisch, door fotokopieën, opnamen of op enige andere manier zonder voorafgaande schriftelijke toestemming van de uitgever. U mag dit boek niet verspreiden in welk formaat dan ook.

T&P Books Publishing
www.tpbooks.com

ISBN: 978-1-78492-354-9

Dit boek is ook beschikbaar in e-boek formaat.
Gelieve www.tpbooks.com te bezoeken of de belangrijkste online boekwinkels.

ROEMEENSE WOORDENSCHAT
nieuwe woorden leren

T&P Books woordenlijsten zijn bedoeld om u te helpen vreemde woorden te leren, te onthouden, en te bestuderen. De woordenschat bevat meer dan 5000 veel gebruikte woorden die thematisch geordend zijn.

- De woordenlijst bevat de meest gebruikte woorden
- Aanbevolen als aanvulling bij welke taalcursus dan ook
- Voldoet aan de behoeften van de beginnende en gevorderde student in vreemde talen
- Geschikt voor dagelijks gebruik, bestudering en zelftestactiviteiten
- Maakt het mogelijk om uw woordenschat te evalueren

Bijzondere kenmerken van de woordenschat

- De woorden zijn gerangschikt naar hun betekenis, niet volgens alfabet
- De woorden worden weergegeven in drie kolommen om bestudering en zelftesten te vergemakkelijken
- Woorden in groepen worden verdeeld in kleine blokken om het leerproces te vergemakkelijken
- De woordenschat biedt een handige en eenvoudige beschrijving van elk buitenlands woord

De woordenschat bevat 155 onderwerpen zoals:

Basisconcepten, getallen, kleuren, maanden, seizoenen, meeteenheden, kleding en accessoires, eten & voeding, restaurant, familieleden, verwanten, karakter, gevoelens, emoties, ziekten, stad, dorp, bezienswaardigheden, winkelen, geld, huis, thuis, kantoor, werken op kantoor, import & export, marketing, werk zoeken, sport, onderwijs, computer, internet, gereedschap, natuur, landen, nationaliteiten en meer ...

INHOUDSOPGAVE

Uitspraakgids	9
Afkortingen	10

BASISBEGRIPPEN	12
Basisbegrippen Deel 1	12
1. Voornaamwoorden	12
2. Begroetingen. Begroetingen. Afscheid	12
3. Hoe aan te spreken	13
4. Kardinale getallen. Deel 1	13
5. Kardinale getallen. Deel 2	14
6. Ordinale getallen	15
7. Getallen. Breuken	15
8. Getallen. Eenvoudige berekeningen	15
9. Getallen. Diversen	15
10. De belangrijkste werkwoorden. Deel 1	16
11. De belangrijkste werkwoorden. Deel 2	17
12. De belangrijkste werkwoorden. Deel 3	18
13. De belangrijkste werkwoorden. Deel 4	19
14. Kleuren	20
15. Vragen	20
16. Voorzetsels	21
17. Functiewoorden. Bijwoorden. Deel 1	21
18. Functiewoorden. Bijwoorden. Deel 2	23

Basisbegrippen Deel 2	25
19. Dagen van de week	25
20. Uren. Dag en nacht	25
21. Maanden. Seizoenen	26
22. Meeteenheden	28
23. Containers	29

MENS	30
Mens. Het lichaam	30
24. Hoofd	30
25. Menselijk lichaam	31

Kleding en accessoires	32
26. Bovenkleding. Jassen	32
27. Heren & dames kleding	32

28. Kleding. Ondergoed	33
29. Hoofddeksels	33
30. Schoeisel	33
31. Persoonlijke accessoires	34
32. Kleding. Diversen	34
33. Persoonlijke verzorging. Schoonheidsmiddelen	35
34. Horloges. Klokken	36

Voedsel. Voeding	**37**
35. Voedsel	37
36. Drankjes	38
37. Groenten	39
38. Vruchten. Noten	40
39. Brood. Snoep	41
40. Bereide gerechten	41
41. Kruiden	42
42. Maaltijden	43
43. Tafelschikking	43
44. Restaurant	44

Familie, verwanten en vrienden	**45**
45. Persoonlijke informatie. Formulieren	45
46. Familieleden. Verwanten	45

Geneeskunde	**47**
47. Ziekten	47
48. Symptomen. Behandelingen. Deel 1	48
49. Symptomen. Behandelingen. Deel 2	49
50. Symptomen. Behandelingen. Deel 3	50
51. Artsen	51
52. Geneeskunde. Medicijnen. Accessoires	51

HET MENSELIJKE LEEFGEBIED	**52**
Stad	**52**
53. Stad. Het leven in de stad	52
54. Stedelijke instellingen	53
55. Borden	54
56. Stedelijk vervoer	55
57. Bezienswaardigheden	56
58. Winkelen	57
59. Geld	58
60. Post. Postkantoor	59

Woning. Huis. Thuis	**60**
61. Huis. Elektriciteit	60

62. Villa. Herenhuis	60
63. Appartement	60
64. Meubels. Interieur	61
65. Beddengoed	62
66. Keuken	62
67. Badkamer	63
68. Huishoudelijke apparaten	64

MENSELIJKE ACTIVITEITEN	**65**
Baan. Business. Deel 1	**65**
69. Kantoor. Op kantoor werken	65
70. Bedrijfsprocessen. Deel 1	66
71. Bedrijfsprocessen. Deel 2	67
72. Productie. Werken	68
73. Contract. Overeenstemming	69
74. Import & Export	70
75. Financiën	70
76. Marketing	71
77. Reclame	71
78. Bankieren	72
79. Telefoon. Telefoongesprek	73
80. Mobiele telefoon	73
81. Schrijfbehoeften	74
82. Soorten bedrijven	74

Baan. Business. Deel 2	**77**
83. Show. Tentoonstelling	77
84. Wetenschap. Onderzoek. Wetenschappers	78

Beroepen en ambachten	**79**
85. Zoeken naar werk. Ontslag	79
86. Zakenmensen	79
87. Dienstverlenende beroepen	80
88. Militaire beroepen en rangen	81
89. Ambtenaren. Priesters	82
90. Agrarische beroepen	82
91. Kunst beroepen	83
92. Verschillende beroepen	83
93. Beroepen. Sociale status	85

Onderwijs	**86**
94. School	86
95. Hogeschool. Universiteit	87
96. Wetenschappen. Disciplines	88
97. Schrift. Spelling	88
98. Vreemde talen	89

Rusten. Entertainment. Reizen 91

99. Trip. Reizen 91
100. Hotel 91

TECHNISCHE APPARATUUR. VERVOER 93
Technische apparatuur 93

101. Computer 93
102. Internet. E-mail 94
103. Elektriciteit 95
104. Gereedschappen 95

Vervoer 98

105. Vliegtuig 98
106. Trein 99
107. Schip 100
108. Vliegveld 101

Gebeurtenissen in het leven 103

109. Vakanties. Evenement 103
110. Begrafenissen. Begrafenis 104
111. Oorlog. Soldaten 104
112. Oorlog. Militaire acties. Deel 1 105
113. Oorlog. Militaire acties. Deel 2 107
114. Wapens 108
115. Oude mensen 110
116. Middeleeuwen 110
117. Leider. Baas. Autoriteiten 112
118. De wet overtreden. Criminelen. Deel 1 113
119. De wet overtreden. Criminelen. Deel 2 114
120. Politie. Wet. Deel 1 115
121. Politie. Wet. Deel 2 116

NATUUR 118
De Aarde. Deel 1 118

122. De kosmische ruimte 118
123. De Aarde 119
124. Windrichtingen 120
125. Zee. Oceaan 120
126. Namen van zeeën en oceanen 121
127. Bergen 122
128. Bergen namen 123
129. Rivieren 123
130. Namen van rivieren 124
131. Bos 124
132. Natuurlijke hulpbronnen 125

De Aarde. Deel 2 127

133. Weer 127
134. Zwaar weer. Natuurrampen 128

Fauna 129

135. Zoogdieren. Roofdieren 129
136. Wilde dieren 129
137. Huisdieren 130
138. Vogels 131
139. Vis. Zeedieren 133
140. Amfibieën. Reptielen 133
141. Insecten 134

Flora 135

142. Bomen 135
143. Heesters 135
144. Vruchten. Bessen 136
145. Bloemen. Planten 136
146. Granen, graankorrels 138

LANDEN. NATIONALITEITEN 139

147. West-Europa 139
148. Centraal- en Oost-Europa 139
149. Voormalige USSR landen 140
150. Azië 140
151. Noord-Amerika 141
152. Midden- en Zuid-Amerika 141
153. Afrika 142
154. Australië. Oceanië 142
155. Steden 142

UITSPRAAKGIDS

T&P fonetisch alfabet	Roemeens voorbeeld	Nederlands voorbeeld
[a]	arbust [ar'bust]	acht
[e]	a merge [a 'merdʒe]	delen, spreken
[ə]	brățară [brə'tsarə]	De sjwa, 'doffe e'
[i]	impozit [im'pozit]	bidden, tint
[ɨ]	cuvânt [ku'vɨnt]	iemand, die
[o]	avocat [avo'kat]	overeenkomst
[u]	fluture ['fluture]	hoed, doe
[b]	bancă ['bankə]	hebben
[d]	durabil [du'rabil]	Dank u, honderd
[dʒ]	gemeni ['dʒemenʲ]	jeans, jungle
[f]	frizer [fri'zer]	feestdag, informeren
[g]	gladiolă [gladi'olə]	goal, tango
[ʒ]	jucător [ʒukə'tor]	journalist, rouge
[h]	pahar [pa'har]	het, herhalen
[k]	actor [ak'tor]	kennen, kleur
[l]	clopot ['klopot]	delen, luchter
[m]	mobilă ['mobilə]	morgen, etmaal
[n]	nuntă ['nuntə]	nemen, zonder
[p]	profet [pro'fet]	parallel, koper
[r]	roată [ro'atə]	roepen, breken
[s]	salată [sa'latə]	spreken, kosten
[ʃ]	cleștișor [kleʃti'ʃor]	shampoo, machine
[t]	statuie [sta'tue]	tomaat, taart
[ts]	forță ['fortsə]	niets, plaats
[tʃ]	optzeci [opt'zetʃi]	Tsjechië, cello
[v]	valiză [va'lizə]	beloven, schrijven
[z]	zmeură ['zmeurə]	zeven, zesde
[j]	foios [fo'jos]	New York, januari
[ʲ]	zori [zorʲ]	palatalisatie teken

AFKORTINGEN
gebruikt in de woordenschat

Nederlandse afkortingen

abn	-	als bijvoeglijk naamwoord
bijv.	-	bijvoorbeeld
bn	-	bijvoeglijk naamwoord
bw	-	bijwoord
enk.	-	enkelvoud
enz.	-	enzovoort
form.	-	formele taal
inform.	-	informele taal
mann.	-	mannelijk
mil.	-	militair
mv.	-	meervoud
on.ww.	-	onovergankelijk werkwoord
ontelb.	-	ontelbaar
ov.	-	over
ov.ww.	-	overgankelijk werkwoord
telb.	-	telbaar
vn	-	voornaamwoord
vrouw.	-	vrouwelijk
vw	-	voegwoord
vz	-	voorzetsel
wisk.	-	wiskunde
ww	-	werkwoord

Nederlandse artikelen

de	-	gemeenschappelijk geslacht
de/het	-	gemeenschappelijk geslacht, onzijdig
het	-	onzijdig

Roemeense afkortingen

f	-	vrouwelijk zelfstandig naamwoord
f pl	-	vrouwelijk meervoud
m	-	mannelijk zelfstandig naamwoord
m pl	-	mannelijk meervoud
n	-	onzijdig

n pl - onzijdig meervoud
pl - meervoud

BASISBEGRIPPEN

Basisbegrippen Deel 1

1. Voornaamwoorden

ik	eu	[eu]
jij, je	tu	[tu]
hij	el	[el]
zij, ze	ea	[ʲa]
wij, we	noi	[noj]
jullie	voi	['voj]
zij, ze (mann.)	ei	['ej]
zij, ze (vrouw.)	ele	['ele]

2. Begroetingen. Begroetingen. Afscheid

Hallo! Dag!	Bună ziua!	['bunə 'ziwa]
Hallo!	Bună ziua!	['bunə 'ziwa]
Goedemorgen!	Bună dimineața!	['bunə dimi'nʲatsa]
Goedemiddag!	Bună ziua!	['bunə 'ziwa]
Goedenavond!	Bună seara!	['bunə 'sʲara]
gedag zeggen (groeten)	a se saluta	[a se salu'ta]
Hoi!	Salut!	[sa'lut]
groeten (het)	salut (n)	[sa'lut]
verwelkomen (ww)	a saluta	[a salu'ta]
Hoe gaat het?	Ce mai faci?	[tʃie maj 'fatʃi]
Is er nog nieuws?	Ce mai e nou?	[tʃe maj e 'nou]
Dag! Tot ziens!	La revedere!	[la reve'dere]
Tot snel! Tot ziens!	Pe curând!	[pe ku'rind]
Vaarwel! (inform.)	Rămâi cu bine!	[rə'mij ku 'bine]
Vaarwel! (form.)	Rămâneți cu bine!	[rəmi'nets ku 'bine]
afscheid nemen (ww)	a-și lua rămas bun	[aʃ lu'a rə'mas bun]
Tot kijk!	Pa!	[pa]
Dank u!	Mulțumesc!	[multsu'mesk]
Dank u wel!	Mulțumesc mult!	[multsu'mesk mult]
Graag gedaan	Cu plăcere	[ku plə'tʃere]
Geen dank!	Pentru puțin	['pentru pu'tsin]
Geen moeite.	Pentru puțin	['pentru pu'tsin]
Excuseer me, ... (inform.)	Scuză-mă!	['skuzəmə]
Excuseer me, ... (form.)	Scuzați-mă!	[sku'zatsimə]

excuseren (verontschuldigen)	a scuza	[a sku'za]
zich verontschuldigen	a cere scuze	[a 'tʃere 'skuze]
Mijn excuses.	Cer scuze	[tʃer 'skuze]
Het spijt me!	Lertaţi-mă!	[er'tatsimə]
vergeven (ww)	a ierta	[a er'ta]
alsjeblieft	vă rog	[və rog]
Vergeet het niet!	Nu uitaţi!	[nu uj'tatsʲ]
Natuurlijk!	Desigur!	[de'sigur]
Natuurlijk niet!	Desigur ca nu!	[de'sigur kə nu]
Akkoord!	Sunt de acord!	[sunt de a'kord]
Zo is het genoeg!	Ajunge!	[a'ʒundʒe]

3. Hoe aan te spreken

meneer	Domnule	['domnule]
mevrouw	Doamnă	[do'amnə]
juffrouw	Domnişoară	[domniʃo'arə]
jongeman	Tinere	['tinere]
jongen	Băiatule	[bə'jatule]
meisje	Fetiţo	[fe'titso]

4. Kardinale getallen. Deel 1

nul	zero	['zero]
een	unu	['unu]
twee	doi	[doj]
drie	trei	[trej]
vier	patru	['patru]
vijf	cinci	[tʃintʃ]
zes	şase	['ʃase]
zeven	şapte	['ʃapte]
acht	opt	[opt]
negen	nouă	['nowə]
tien	zece	['zetʃe]
elf	unsprezece	['unsprezetʃe]
twaalf	doisprezece	['dojsprezetʃe]
dertien	treisprezece	['trejsprezetʃe]
veertien	paisprezece	['pajsprezetʃe]
vijftien	cincisprezece	['tʃintʃsprezetʃe]
zestien	şaisprezece	['ʃajsprezetʃe]
zeventien	şaptesprezece	['ʃaptesprezetʃe]
achttien	optsprezece	['optsprezetʃe]
negentien	nouăsprezece	['nowəsprezetʃe]
twintig	douăzeci	[dowə'zetʃi]
eenentwintig	douăzeci şi unu	[dowə'zetʃi ʃi 'unu]
tweeëntwintig	douăzeci şi doi	[dowə'zetʃi ʃi doj]
drieëntwintig	douăzeci şi trei	[dowə'zetʃi ʃi trej]

dertig	treizeci	[trej'zetʃi]
eenendertig	treizeci şi unu	[trej'zetʃi ʃi 'unu]
tweeëndertig	treizeci şi doi	[trej'zetʃi ʃi doj]
drieëndertig	treizeci şi trei	[trej'zetʃi ʃi trej]
veertig	patruzeci	[patru'zetʃi]
eenenveertig	patruzeci şi unu	[patru'zetʃi ʃi 'unu]
tweeënveertig	patruzeci şi doi	[patru'zetʃi ʃi doj]
drieënveertig	patruzeci şi trei	[patru'zetʃi ʃi trej]
vijftig	cincizeci	[tʃintʃ'zetʃ]
eenenvijftig	cincizeci şi unu	[tʃintʃ'zetʃ ʃi 'unu]
tweeënvijftig	cincizeci şi doi	[tʃintʃ'zetʃ ʃi doj]
drieënvijftig	cincizeci şi trei	[tʃintʃ'zetʃ ʃi trej]
zestig	şaizeci	[ʃaj'zetʃi]
eenenzestig	şaizeci şi unu	[ʃaj'zetʃi ʃi 'unu]
tweeënzestig	şaizeci şi doi	[ʃaj'zetʃi ʃi doj]
drieënzestig	şaizeci şi trei	[ʃaj'zetʃi ʃi trej]
zeventig	şaptezeci	[ʃapte'zetʃi]
eenenzeventig	şaptezeci şi unu	[ʃapte'zetʃi ʃi 'unu]
tweeënzeventig	şaptezeci şi doi	[ʃapte'zetʃi ʃi doj]
drieënzeventig	şaptezeci şi trei	[ʃapte'zetʃi ʃi trej]
tachtig	optzeci	[opt'zetʃi]
eenentachtig	optzeci şi unu	[opt'zetʃi ʃi 'unu]
tweeëntachtig	optzeci şi doi	[opt'zetʃi ʃi doj]
drieëntachtig	optzeci şi trei	[opt'zetʃi ʃi trej]
negentig	nouăzeci	[nowə'zetʃi]
eenennegentig	nouăzeci şi unu	[nowə'zetʃi ʃi 'unu]
tweeënnegentig	nouăzeci şi doi	[nowə'zetʃi ʃi doj]
drieënnegentig	nouăzeci şi trei	[nowə'zetʃi ʃi trej]

5. Kardinale getallen. Deel 2

honderd	o sută	[o 'sutə]
tweehonderd	două sute	['dowə 'sute]
driehonderd	trei sute	[trej 'sute]
vierhonderd	patru sute	['patru 'sute]
vijfhonderd	cinci sute	[tʃintʃ 'sute]
zeshonderd	şase sute	['ʃase 'sute]
zevenhonderd	şapte sute	['ʃapte 'sute]
achthonderd	opt sute	[opt 'sute]
negenhonderd	nouă sute	['nowə 'sute]
duizend	o mie	[o 'mie]
tweeduizend	două mii	['dowə mij]
drieduizend	trei mii	[trej mij]
tienduizend	zece mii	['zetʃe mij]
honderdduizend	o sută de mii	[o 'sutə de mij]
miljoen (het)	milion (n)	[mi'ljon]
miljard (het)	miliard (n)	[mi'ljard]

6. Ordinale getallen

eerste (bn)	primul	['primul]
tweede (bn)	al doilea	[al 'dojlʲa]
derde (bn)	al treilea	[al 'trejlʲa]
vierde (bn)	al patrulea	[al 'patrulʲa]
vijfde (bn)	al cincilea	[al 'ʧinʧilʲa]
zesde (bn)	al șaselea	[al 'ʃaselʲa]
zevende (bn)	al șaptelea	[al 'ʃaptelʲa]
achtste (bn)	al optulea	[al 'optulʲa]
negende (bn)	al nouălea	[al 'nowelʲa]
tiende (bn)	al zecelea	[al 'zeʧelʲa]

7. Getallen. Breuken

breukgetal (het)	fracție (f)	['fraktsie]
half	o doime	[o 'doime]
een derde	o treime	[o 'treime]
kwart	o pătrime	[o pə'trime]
een achtste	o optime	[o op'time]
een tiende	o zecime	[o ze'ʧime]
twee derde	două treimi	['dowə 'treimʲ]
driekwart	trei pătrimi	[trej pə'trimʲ]

8. Getallen. Eenvoudige berekeningen

aftrekking (de)	scădere (f)	[skə'dere]
aftrekken (ww)	a scădea	[a skə'dʲa]
deling (de)	împărțire (f)	[impər'tsire]
delen (ww)	a împărți	[a impər'tsi]
optelling (de)	adunare (f)	[adu'nare]
erbij optellen (bij elkaar voegen)	a aduna	[a adu'na]
optellen (ww)	a adăuga	[a adəu'ga]
vermenigvuldiging (de)	înmulțire (f)	[inmul'tsire]
vermenigvuldigen (ww)	a înmulți	[a inmul'tsi]

9. Getallen. Diversen

cijfer (het)	cifră (f)	['ʧifrə]
nummer (het)	număr (n)	['numər]
telwoord (het)	numeral (n)	[nume'ral]
minteken (het)	minus (n)	['minus]
plusteken (het)	plus (n)	[plus]
formule (de)	formulă (f)	[for'mulə]
berekening (de)	calcul (n)	['kalkul]

tellen (ww)	a calcula	[a kalku'la]
bijrekenen (ww)	a socoti	[a soko'ti]
vergelijken (ww)	a compara	[a kompa'ra]

Hoeveel? (ontelb.)	Cât?	[kit]
som (de), totaal (het)	sumă (f)	['sumə]
uitkomst (de)	rezultat (n)	[rezul'tat]
rest (de)	rest (n)	[rest]

enkele (bijv. ~ minuten)	câțiva, câteva	[kits'va], [kite'va]
weinig (bw)	puțin	[pu'tsin]
restant (het)	rest (n)	[rest]
anderhalf	unu și jumătate	['unu ʃi ʒumə'tate]
dozijn (het)	duzină (f)	[du'zinə]

middendoor (bw)	în două	[in 'dowə]
even (bw)	în părți egale	[in pərts' e'gale]
helft (de)	jumătate (f)	[ʒumə'tate]
keer (de)	dată (f)	['datə]

10. De belangrijkste werkwoorden. Deel 1

aanbevelen (ww)	a recomanda	[a rekoman'da]
aandringen (ww)	a insista	[a insis'ta]
aankomen (per auto, enz.)	a sosi	[a so'si]
aanraken (ww)	a atinge	[a a'tindʒe]
adviseren (ww)	a sfătui	[a sfətu'i]

afdalen (on.ww.)	a coborî	[a kobo'ri]
afslaan (naar rechts ~)	a întoarce	[a into'artʃe]
antwoorden (ww)	a răspunde	[a rəs'punde]
bang zijn (ww)	a se teme	[a se 'teme]
bedreigen (bijv. met een pistool)	a amenința	[a amenin'tsa]

bedriegen (ww)	a minți	[a min'tsi]
beëindigen (ww)	a termina	[a termi'na]
beginnen (ww)	a începe	[a in'tʃepe]
begrijpen (ww)	a înțelege	[a intse'ledʒe]
beheren (managen)	a conduce	[a kon'dutʃe]

beledigen (met scheldwoorden)	a jigni	[a ʒig'ni]
beloven (ww)	a promite	[a pro'mite]
bereiden (koken)	a găti	[a gə'ti]
bespreken (spreken over)	a discuta	[a disku'ta]

bestellen (eten ~)	a comanda	[a koman'da]
bestraffen (een stout kind ~)	a pedepsi	[a pedep'si]
betalen (ww)	a plăti	[a plə'ti]
betekenen (beduiden)	a însemna	[a insem'na]
betreuren (ww)	a regreta	[a regre'ta]
bevallen (prettig vinden)	a plăcea	[a plə'tʃa]
bevelen (mil.)	a ordona	[a ordo'na]

bevrijden (stad, enz.)	a elibera	[a elibe'ra]
bewaren (ww)	a păstra	[a pes'tra]
bezitten (ww)	a poseda	[a pose'da]

bidden (praten met God)	a se ruga	[a se ru'ga]
binnengaan (een kamer ~)	a intra	[a in'tra]
breken (ww)	a rupe	[a 'rupe]
controleren (ww)	a controla	[a kontro'la]
creëren (ww)	a crea	[a 'kri̯a]

deelnemen (ww)	a participa	[a partitʃi'pa]
denken (ww)	a se gândi	[a se gɨn'di]
doden (ww)	a omorî	[a omo'rɨ]
doen (ww)	a face	[a 'fatʃe]
dorst hebben (ww)	a fi sete	[a fi 'sete]

11. De belangrijkste werkwoorden. Deel 2

een hint geven	a face aluzie	[a 'fatʃe a'luzie]
eisen (met klem vragen)	a cere	[a 'tʃere]
existeren (bestaan)	a exista	[a ekzis'ta]
gaan (te voet)	a merge	[a 'merdʒe]

gaan zitten (ww)	a se aşeza	[a se aʃe'za]
gaan zwemmen	a se scălda	[a se skel'da]
geven (ww)	a da	[a da]
glimlachen (ww)	a zâmbi	[a zɨm'bi]
goed raden (ww)	a ghici	[a gi'tʃi]

| grappen maken (ww) | a glumi | [a glu'mi] |
| graven (ww) | a săpa | [a se'pa] |

hebben (ww)	a avea	[a a'vi̯a]
helpen (ww)	a ajuta	[a aʒu'ta]
herhalen (opnieuw zeggen)	a repeta	[a repe'ta]
honger hebben (ww)	a fi foame	[a fi fo'ame]

hopen (ww)	a spera	[a spe'ra]
horen (waarnemen met het oor)	a auzi	[a au'zi]
huilen (wenen)	a plânge	[a 'plɨndʒe]
huren (huis, kamer)	a închiria	[a ɨnkiri'ja]
informeren (informatie geven)	a informa	[a infor'ma]

instemmen (akkoord gaan)	a fi de acord	[a fi de a'kord]
jagen (ww)	a vâna	[a vɨ'na]
kennen (kennis hebben van iemand)	a cunoaşte	[a kuno'aʃte]
kiezen (ww)	a alege	[a a'ledʒe]
klagen (ww)	a se plânge	[a se 'plɨndʒe]

kosten (ww)	a costa	[a kos'ta]
kunnen (ww)	a putea	[a pu'ti̯a]
lachen (ww)	a râde	[a 'rɨde]

laten vallen (ww)	a scăpa	[a skə'pa]
lezen (ww)	a citi	[a tʃi'ti]
liefhebben (ww)	a iubi	[a ju'bi]
lunchen (ww)	a lua prânzul	[a lu'a 'prinzul]
nemen (ww)	a lua	[a lu'a]
nodig zijn (ww)	a fi necesar	[a fi netʃe'sar]

12. De belangrijkste werkwoorden. Deel 3

onderschatten (ww)	a subaprecia	[a subapretʃi'a]
ondertekenen (ww)	a semna	[a sem'na]
ontbijten (ww)	a lua micul dejun	[a lu'a 'mikul de'ʒun]
openen (ww)	a deschide	[a des'kide]
ophouden (ww)	a înceta	[a antʃe'ta]
opmerken (zien)	a observa	[a obser'va]
opscheppen (ww)	a se lăuda	[a se ləu'da]
opschrijven (ww)	a nota	[a no'ta]
plannen (ww)	a planifica	[a planifi'ka]
prefereren (verkiezen)	a prefera	[a prefe'ra]
proberen (trachten)	a încerca	[a intʃer'ka]
redden (ww)	a salva	[a sal'va]
rekenen op ...	a conta pe ...	[a kon'ta pe]
rennen (ww)	a alerga	[a aler'ga]
reserveren (een hotelkamer ~)	a rezerva	[a rezer'va]
roepen (om hulp)	a chema	[a ke'ma]
schieten (ww)	a trage	[a 'tradʒə]
schreeuwen (ww)	a striga	[a stri'ga]
schrijven (ww)	a scrie	[a 'skrie]
souperen (ww)	a cina	[a tʃi'na]
spelen (kinderen)	a juca	[a ʒu'ka]
spreken (ww)	a vorbi	[a vor'bi]
stelen (ww)	a fura	[a fu'ra]
stoppen (pauzeren)	a se opri	[a se o'pri]
studeren (Nederlands ~)	a studia	[a studi'a]
sturen (zenden)	a trimite	[a tri'mite]
tellen (optellen)	a calcula	[a kalku'la]
toebehoren aan ...	a aparține	[a apar'tsine]
toestaan (ww)	a permite	[a per'mite]
tonen (ww)	a arăta	[a arə'ta]
twijfelen (onzeker zijn)	a se îndoi	[a se indo'i]
uitgaan (ww)	a ieși	[a e'ʃi]
uitnodigen (ww)	a invita	[a invi'ta]
uitspreken (ww)	a pronunța	[a pronun'tsa]
uitvaren tegen (ww)	a certa	[a tʃer'ta]

13. De belangrijkste werkwoorden. Deel 4

vallen (ww)	a cădea	[a kə'dʲa]
vangen (ww)	a prinde	[a 'prinde]
veranderen (anders maken)	a schimba	[a skim'ba]
verbaasd zijn (ww)	a se mira	[a se mi'ra]
verbergen (ww)	a ascunde	[a as'kunde]
verdedigen (je land ~)	a apăra	[a apə'ra]
verenigen (ww)	a uni	[a u'ni]
vergelijken (ww)	a compara	[a kompa'ra]
vergeten (ww)	a uita	[a uj'ta]
vergeven (ww)	a ierta	[a er'ta]
verklaren (uitleggen)	a explica	[a ekspli'ka]
verkopen (per stuk ~)	a vinde	[a 'vinde]
vermelden (praten over)	a menționa	[a mentsio'na]
versieren (decoreren)	a împodobi	[a împodo'bi]
vertalen (ww)	a traduce	[a tra'dutʃe]
vertrouwen (ww)	a avea încredere	[a a'vʲa in'kredere]
vervolgen (ww)	a continua	[a kontinu'a]
verwarren (met elkaar ~)	a încurca	[a inkur'ka]
verzoeken (ww)	a cere	[a 'tʃere]
verzuimen (school, enz.)	a lipsi	[a lip'si]
vinden (ww)	a găsi	[a gə'si]
vliegen (ww)	a zbura	[a zbu'ra]
volgen (ww)	a urma	[a ur'ma]
voorstellen (ww)	a propune	[a pro'pune]
voorzien (verwachten)	a prevedea	[a preve'dʲa]
vragen (ww)	a întreba	[a intre'ba]
waarnemen (ww)	a observa	[a obser'va]
waarschuwen (ww)	a avertiza	[a averti'za]
wachten (ww)	a aștepta	[a aʃtep'ta]
weerspreken (ww)	a contrazice	[a kontra'zitʃe]
weigeren (ww)	a refuza	[a refu'za]
werken (ww)	a lucra	[a lu'kra]
weten (ww)	a ști	[a ʃti]
willen (verlangen)	a vrea	[a vrʲa]
zeggen (ww)	a spune	[a 'spune]
zich haasten (ww)	a se grăbi	[a se grə'bi]
zich interesseren voor ...	a se interesa	[a se intere'sa]
zich vergissen (ww)	a greși	[a gre'ʃi]
zich verontschuldigen	a cere scuze	[a 'tʃere 'skuze]
zien (ww)	a vedea	[a ve'dʲa]
zoeken (ww)	a căuta	[a kəu'ta]
zwemmen (ww)	a înota	[a ino'ta]
zwijgen (ww)	a tăcea	[a tə'tʃa]

14. Kleuren

kleur (de)	culoare (f)	[kulo'are]
tint (de)	nuanţă (f)	[nu'antsə]
kleurnuance (de)	ton (n)	[ton]
regenboog (de)	curcubeu (n)	[kurku'beu]
wit (bn)	alb	[alb]
zwart (bn)	negru	['negru]
grijs (bn)	sur	['sur]
groen (bn)	verde	['verde]
geel (bn)	galben	['galben]
rood (bn)	roşu	['roʃu]
blauw (bn)	albastru închis	[al'bastru i'nkis]
lichtblauw (bn)	albastru deschis	[al'bastru des'kis]
roze (bn)	roz	['roz]
oranje (bn)	portocaliu	[portoka'lju]
violet (bn)	violet	[vio'let]
bruin (bn)	cafeniu	[kafe'nju]
goud (bn)	de culoarea aurului	[de kulo'arʲa 'auruluj]
zilverkleurig (bn)	argintiu	[ardʒin'tju]
beige (bn)	bej	[beʒ]
roomkleurig (bn)	crem	[krem]
turkoois (bn)	turcoaz	[turko'az]
kersrood (bn)	vişiniu	[viʃi'nju]
lila (bn)	lila	[li'la]
karmijnrood (bn)	de culoarea zmeurei	[de kulo'arʲa 'zmeurej]
licht (bn)	de culoare deschisă	[de kulo'are des'kisə]
donker (bn)	de culoare închisă	[de kulo'are i'nkisə]
fel (bn)	aprins	[a'prins]
kleur-, kleurig (bn)	colorat	[kolo'rat]
kleuren- (abn)	color	[ko'lor]
zwart-wit (bn)	alb-negru	[alb 'negru]
eenkleurig (bn)	monocrom	[mono'krom]
veelkleurig (bn)	multicolor	[multiko'lor]

15. Vragen

Wie?	Cine?	['tʃine]
Wat?	Ce?	[tʃe]
Waar?	Unde?	['unde]
Waarheen?	Unde?	['unde]
Waarvandaan?	De unde?	[de 'unde]
Wanneer?	Când?	[kind]
Waarom?	Pentru ce?	['pentru tʃe]
Waarom?	De ce?	[de tʃe]
Waarvoor dan ook?	Pentru ce?	['pentru tʃe]

Hoe?	Cum?	[kum]
Wat voor …?	Care?	['kare]
Welk?	Care?	['kare]

Aan wie?	Cui?	[kuj]
Over wie?	Despre cine?	['despre 'ʧine]
Waarover?	Despre ce?	['despre ʧe]
Met wie?	Cu cine?	[ku 'ʧine]

Hoeveel? (ontelb.)	Câţi? Câte?	[kitsʲ], ['kite]
Van wie? (mann.)	Al cui?	['al kuj]
Van wie? (vrouw.)	A cui?	[a kuj]
Van wie? (mv.)	Ai cui?, Ale cui?	[aj kuj], ['ale kuj]

16. Voorzetsels

met (bijv. ~ beleg)	cu	[ku]
zonder (~ accent)	fără	[fərə]
naar (in de richting van)	la	[la]
over (praten ~)	despre	['despre]
voor (in tijd)	înainte de	[ɨna'inte de]
voor (aan de voorkant)	înaintea	[ɨna'intʲa]

onder (lager dan)	sub	[sub]
boven (hoger dan)	deasupra	[dʲa'supra]
op (bovenop)	pe	[pe]
van (uit, afkomstig van)	din	[din]
van (gemaakt van)	din	[din]

| over (bijv. ~ een uur) | peste | ['peste] |
| over (over de bovenkant) | prin | [prin] |

17. Functiewoorden. Bijwoorden. Deel 1

Waar?	Unde?	['unde]
hier (bw)	aici	[a'iʧi]
daar (bw)	acolo	[a'kolo]

| ergens (bw) | undeva | [unde'va] |
| nergens (bw) | nicăieri | [nikə'erʲ] |

| bij … (in de buurt) | lângă … | ['lɨngə] |
| bij het raam | lângă fereastră | ['lɨngə fe'rʲastrə] |

Waarheen?	Unde?	['unde]
hierheen (bw)	aici	[a'iʧi]
daarheen (bw)	acolo	[a'kolo]
hiervandaan (bw)	de aici	[de a'iʧi]
daarvandaan (bw)	de acolo	[de a'kolo]

| dichtbij (bw) | aproape | [apro'ape] |
| ver (bw) | departe | [de'parte] |

in de buurt (van ...)	alături	[a'ləturʲ]
dichtbij (bw)	alături	[a'ləturʲ]
niet ver (bw)	aproape	[apro'ape]
linker (bn)	stâng	[stiŋg]
links (bw)	din stânga	[din 'stinga]
linksaf, naar links (bw)	în stânga	[in 'stinga]
rechter (bn)	drept	[drept]
rechts (bw)	din dreapta	[din 'drʲapta]
rechtsaf, naar rechts (bw)	în dreapta	[in 'drʲapta]
vooraan (bw)	în faţă	[in 'fatsə]
voorste (bn)	din faţă	[din 'fatsə]
vooruit (bw)	înainte	[ina'inte]
achter (bw)	în urmă	[in 'urmə]
van achteren (bw)	din spate	[din 'spate]
achteruit (naar achteren)	înapoi	[ina'poj]
midden (het)	mijloc (n)	['miʒlok]
in het midden (bw)	la mijloc	[la 'miʒlok]
opzij (bw)	dintr-o parte	['dintro 'parte]
overal (bw)	peste tot	['peste tot]
omheen (bw)	în jur	[in ʒur]
binnenuit (bw)	dinăuntru	[dinə'untru]
naar ergens (bw)	undeva	[unde'va]
rechtdoor (bw)	direct	[di'rekt]
terug (bijv. ~ komen)	înapoi	[ina'poj]
ergens vandaan (bw)	de undeva	[de unde'va]
ergens vandaan (en dit geld moet ~ komen)	de undeva	[de unde'va]
ten eerste (bw)	în primul rând	[in 'primul rind]
ten tweede (bw)	în al doilea rând	[in al 'dojlʲa rind]
ten derde (bw)	în al treilea rând	[in al 'trejlʲa rind]
plotseling (bw)	deodată	[deo'datə]
in het begin (bw)	la început	[la intʃe'put]
voor de eerste keer (bw)	prima dată	['prima 'datə]
lang voor ... (bw)	cu mult timp înainte de ...	[ku mult timp ina'inte de]
opnieuw (bw)	din nou	[din 'nou]
voor eeuwig (bw)	pentru totdeauna	['pentru totdʲa'una]
nooit (bw)	niciodată	[nitʃio'datə]
weer (bw)	iarăşi	['jarəʃ]
nu (bw)	acum	[a'kum]
vaak (bw)	des	[des]
toen (bw)	atunci	[a'tuntʃi]
urgent (bw)	urgent	[ur'dʒent]
meestal (bw)	de obicei	[de obi'tʃej]
trouwens, ... (tussen haakjes)	apropo	[apro'po]

mogelijk (bw)	posibil	[po'sibil]
waarschijnlijk (bw)	probabil	[pro'babil]
misschien (bw)	poate	[po'ate]
trouwens (bw)	în afară de aceasta, ...	[in a'farə de a'tʃasta]
daarom ...	de aceea	[de a'tʃeja]
in weerwil van ...	deşi ...	[de'ʃi]
dankzij ...	datorită ...	[dato'ritə]
wat (vn)	ce	[tʃe]
dat (vw)	că	[kə]
iets (vn)	ceva	[tʃe'va]
iets	ceva	[tʃe'va]
niets (vn)	nimic	[ni'mik]
wie (~ is daar?)	cine	['tʃine]
iemand (een onbekende)	cineva	[tʃine'va]
iemand (een bepaald persoon)	cineva	[tʃine'va]
niemand (vn)	nimeni	['nimenʲ]
nergens (bw)	nicăieri	[nikə'erʲ]
niemands (bn)	al nimănui	[al nimə'nuj]
iemands (bn)	al cuiva	[al kuj'va]
zo (Ik ben ~ blij)	aşa	[a'ʃa]
ook (evenals)	de asemenea	[de a'semenʲa]
alsook (eveneens)	la fel	[la fel]

18. Functiewoorden. Bijwoorden. Deel 2

Waarom?	De ce?	[de tʃe]
om een bepaalde reden	nu se ştie de ce	[nu se 'ʃtie de tʃe]
omdat ...	pentru că ...	['pentru kə]
voor een bepaald doel	cine ştie pentru ce	['tʃine 'ʃtie 'pentru tʃe]
en (vw)	şi	[ʃi]
of (vw)	sau	['sau]
maar (vw)	dar	[dar]
voor (vz)	pentru	['pentru]
te (~ veel mensen)	prea	[prʲa]
alleen (bw)	numai	['numaj]
precies (bw)	exact	[e'gzakt]
ongeveer (~ 10 kg)	vreo	['vreo]
omstreeks (bw)	aproximativ	[aproksima'tiv]
bij benadering (bn)	aproximativ	[aproksima'tiv]
bijna (bw)	aproape	[apro'ape]
rest (de)	restul	['restul]
elk (bn)	fiecare	[fie'kare]
om het even welk	oricare	[ori'kare]
veel (grote hoeveelheid)	mult	[mult]
veel mensen	mulţi	[mults]

iedereen (alle personen)	toți	[tots]
in ruil voor ...	în schimb la ...	[in 'skimb la]
in ruil (bw)	în schimbul	[in 'skimbul]
met de hand (bw)	manual	[manu'al]
onwaarschijnlijk (bw)	puțin probabil	[pu'tsin pro'babil]
waarschijnlijk (bw)	probabil	[pro'babil]
met opzet (bw)	intenționat	[intentsio'nat]
toevallig (bw)	întâmplător	[intimple'tor]
zeer (bw)	foarte	[fo'arte]
bijvoorbeeld (bw)	de exemplu	[de e'gzemplu]
tussen (~ twee steden)	între	['intre]
tussen (te midden van)	printre	['printre]
zoveel (bw)	atât	[a'tit]
vooral (bw)	mai ales	[maj a'les]

Basisbegrippen Deel 2

19. Dagen van de week

maandag (de)	luni (f)	[lunʲ]
dinsdag (de)	marţi (f)	['martsʲ]
woensdag (de)	miercuri (f)	['merkurʲ]
donderdag (de)	joi (f)	[ʒoj]
vrijdag (de)	vineri (f)	['vinerʲ]
zaterdag (de)	sâmbătă (f)	['sɨmbətə]
zondag (de)	duminică (f)	[du'minikə]

vandaag (bw)	astăzi	['astəzʲ]
morgen (bw)	mâine	['mɨjne]
overmorgen (bw)	poimâine	[poj'mɨne]
gisteren (bw)	ieri	[jerʲ]
eergisteren (bw)	alaltăieri	[a'laltəerʲ]

dag (de)	zi (f)	[zi]
werkdag (de)	zi (f) de lucru	[zi de 'lukru]
feestdag (de)	zi (f) de sărbătoare	[zi de sərbəto'are]
verlofdag (de)	zi (f) liberă	[zi 'liberə]
weekend (het)	zile (f pl) de odihnă	['zile de o'dihnə]

de hele dag (bw)	toată ziua	[to'atə 'ziwa]
de volgende dag (bw)	a doua zi	['dowa zi]
twee dagen geleden	cu două zile în urmă	[ku 'dowə 'zile ɨn 'urmə]
aan de vooravond (bw)	în ajun	[ɨn a'ʒun]
dag-, dagelijks (bn)	zilnic	['zilnik]
elke dag (bw)	în fiecare zi	[ɨn fie'kare zi]

week (de)	săptămână (f)	[səptə'mɨnə]
vorige week (bw)	săptămâna trecută	[səptə'mɨna tre'kutə]
volgende week (bw)	săptămâna viitoare	[səptə'mɨna viito'are]
wekelijks (bn)	săptămânal	[səptəmɨ'nal]
elke week (bw)	în fiecare săptămână	[ɨn fie'kare səptə'mɨnə]
twee keer per week	de două ori pe săptămână	[de 'dowə orʲ pe səptə'mɨnə]
elke dinsdag	în fiecare marţi	[ɨn fie'kare 'martsʲ]

20. Uren. Dag en nacht

morgen (de)	dimineaţă (f)	[dimiˈnʲatsə]
's morgens (bw)	dimineaţa	[dimiˈnʲatsa]
middag (de)	amiază (f)	[a'mjazə]
's middags (bw)	după masă	['dupə 'masə]

avond (de)	seară (f)	['sʲare]
's avonds (bw)	seara	['sʲara]

nacht (de)	noapte (f)	[noʼapte]
's nachts (bw)	noaptea	[noʼaptʲa]
middernacht (de)	miezul (n) nopţii	[ˈmezul ˈnoptsij]

seconde (de)	secundă (f)	[seˈkunde]
minuut (de)	minut (n)	[miˈnut]
uur (het)	oră (f)	[ˈore]
halfuur (het)	jumătate de oră	[ʒumeˈtate de ˈore]
kwartier (het)	un sfert de oră	[un sfert de ˈore]
vijftien minuten	cincisprezece minute	[ˈtʃintʃsprezetʃe miˈnute]
etmaal (het)	o zi (f)	[o zi]

zonsopgang (de)	răsărit (n)	[reseˈrit]
dageraad (de)	zori (m pl)	[zorʲ]
vroege morgen (de)	zori (m pl) de zi	[zorʲ de zi]
zonsondergang (de)	apus (n)	[aˈpus]

's morgens vroeg (bw)	dimineaţa devreme	[dimiˈnʲatsa deˈvreme]
vanmorgen (bw)	azi dimineaţă	[azʲ dimiˈnʲatse]
morgenochtend (bw)	mâine dimineaţă	[ˈmɨjne dimiˈnʲatse]

vanmiddag (bw)	această după-amiază	[aˈtʃaste ˈdupa amiˈaze]
's middags (bw)	după masă	[ˈdupe ˈmase]
morgenmiddag (bw)	mâine după-masă	[ˈmɨjne ˈdupe ˈmase]

| vanavond (bw) | astă-seară | [ˈaste ˈsʲare] |
| morgenavond (bw) | mâine seară | [ˈmɨjne ˈsʲare] |

klokslag drie uur	la ora trei fix	[la ˈora trej fiks]
ongeveer vier uur	în jur de ora patru	[ɨn ʒur de ˈora ˈpatru]
tegen twaalf uur	pe la ora douăsprezece	[pe la ˈora ˈdowesprezetʃe]

over twintig minuten	peste douăzeci de minute	[ˈpeste doweˈzetʃi de miˈnute]
over een uur	peste o oră	[ˈpeste o ˈore]
op tijd (bw)	la timp	[la timp]

kwart voor ...	fără un sfert	[ˈfere un sfert]
binnen een uur	în decurs de o oră	[ɨn deˈkurs de o ˈore]
elk kwartier	la fiecare cincisprezece minute	[la fieˈkare ˈtʃintʃsprezetʃe miˈnute]
de klok rond	zi şi noapte	[zi ʃi noˈapte]

21. Maanden. Seizoenen

januari (de)	ianuarie (m)	[januˈarie]
februari (de)	februarie (m)	[februˈarie]
maart (de)	martie (m)	[ˈmartie]
april (de)	aprilie (m)	[aˈprilie]
mei (de)	mai (m)	[maj]
juni (de)	iunie (m)	[ˈjunie]

juli (de)	iulie (m)	[ˈjulie]
augustus (de)	august (m)	[ˈaugust]
september (de)	septembrie (m)	[sepˈtembrie]

T&P Books. Thematische woordenschat Nederlands-Roemeens - 5000 woorden

oktober (de)	octombrie (m)	[ok'tombrie]
november (de)	noiembrie (m)	[no'embrie]
december (de)	decembrie (m)	[de'tʃembrie]
lente (de)	primăvară (f)	[primə'varə]
in de lente (bw)	primăvara	[primə'vara]
lente- (abn)	de primăvară	[de primə'varə]
zomer (de)	vară (f)	['varə]
in de zomer (bw)	vara	['vara]
zomer-, zomers (bn)	de vară	[de 'varə]
herfst (de)	toamnă (f)	[to'amnə]
in de herfst (bw)	toamna	[to'amna]
herfst- (abn)	de toamnă	[de to'amnə]
winter (de)	iarnă (f)	['jarnə]
in de winter (bw)	iarna	['jarna]
winter- (abn)	de iarnă	[de 'jarnə]
maand (de)	lună (f)	['lunə]
deze maand (bw)	în luna curentă	[ɨn 'luna ku'rentə]
volgende maand (bw)	în luna următoare	[ɨn 'luna urməto'are]
vorige maand (bw)	în luna trecută	[ɨn 'luna tre'kutə]
een maand geleden (bw)	o lună în urmă	[o 'lunə ɨn 'urmə]
over een maand (bw)	peste o lună	['peste o 'lunə]
over twee maanden (bw)	peste două luni	['peste 'dowə lunʲ]
de hele maand (bw)	luna întreagă	['luna ɨn'trʲagə]
een volle maand (bw)	o lună întreagă	[o 'lunə ɨn'trʲagə]
maand-, maandelijks (bn)	lunar	[lu'nar]
maandelijks (bw)	în fiecare lună	[ɨn fie'kare 'lunə]
elke maand (bw)	fiecare lună	[fie'kare 'lunə]
twee keer per maand	de două ori pe lună	[de 'dowə orʲ pe 'lunə]
jaar (het)	an (m)	[an]
dit jaar (bw)	anul acesta	['anul a'tʃesta]
volgend jaar (bw)	anul viitor	['anul vii'tor]
vorig jaar (bw)	anul trecut	['anul tre'kut]
een jaar geleden (bw)	acum un an	[a'kum un an]
over een jaar	peste un an	['peste un an]
over twee jaar	peste doi ani	['peste doj anʲ]
het hele jaar	tot anul	[tot 'anul]
een vol jaar	un an întreg	[un an ɨn'treg]
elk jaar	în fiecare an	[ɨn fie'kare an]
jaar-, jaarlijks (bn)	anual	[anu'al]
jaarlijks (bw)	în fiecare an	[ɨn fie'kare an]
4 keer per jaar	de patru ori pe an	[de 'patru orʲ pe an]
datum (de)	dată (f)	['datə]
datum (de)	dată (f)	['datə]
kalender (de)	calendar (n)	[kalen'dar]
een half jaar	jumătate (f) de an	[ʒumə'tate de an]

27

zes maanden	jumătate (f) de an	[ʒumə'tate de an]
seizoen (bijv. lente, zomer)	sezon (n)	[se'zon]
eeuw (de)	veac (n)	[vʲak]

22. Meeteenheden

gewicht (het)	greutate (f)	[greu'tate]
lengte (de)	lungime (f)	[lun'dʒime]
breedte (de)	lăţime (f)	[lə'tsime]
hoogte (de)	înălţime (f)	[inəl'tsime]
diepte (de)	adâncime (f)	[adɨn'tʃime]
volume (het)	volum (n)	[vo'lum]
oppervlakte (de)	suprafaţă (f)	[supra'fatsə]

gram (het)	gram (n)	[gram]
milligram (het)	miligram (n)	[mili'gram]
kilogram (het)	kilogram (n)	[kilo'gram]
ton (duizend kilo)	tonă (f)	['tonə]
pond (het)	funt (m)	[funt]
ons (het)	uncie (f)	['untʃie]

meter (de)	metru (m)	['metru]
millimeter (de)	milimetru (m)	[mili'metru]
centimeter (de)	centimetru (m)	[tʃenti'metru]
kilometer (de)	kilometru (m)	[kilo'metru]
mijl (de)	milă (f)	['milə]

duim (de)	ţol (m)	[tsol]
voet (de)	picior (m)	[pi'tʃior]
yard (de)	yard (m)	[jard]

| vierkante meter (de) | metru (m) pătrat | ['metru pə'trat] |
| hectare (de) | hectar (n) | [hek'tar] |

liter (de)	litru (m)	['litru]
graad (de)	grad (n)	[grad]
volt (de)	volt (m)	[volt]
ampère (de)	amper (m)	[am'per]
paardenkracht (de)	cal-putere (m)	[kal pu'tere]

hoeveelheid (de)	cantitate (f)	[kanti'tate]
een beetje ...	puţin ...	[pu'tsin]
helft (de)	jumătate (f)	[ʒumə'tate]
dozijn (het)	duzină (f)	[du'zinə]
stuk (het)	bucată (f)	[bu'katə]

| afmeting (de) | dimensiune (f) | [dimensi'une] |
| schaal (bijv. ~ van 1 op 50) | proporţie (f) | [pro'portsie] |

minimaal (bn)	minim	['minim]
minste (bn)	cel mai mic	[tʃel maj mik]
medium (bn)	de, din mijloc	[de, din 'miʒlok]
maximaal (bn)	maxim	['maksim]
grootste (bn)	cel mai mare	[tʃel maj 'mare]

23. Containers

glazen pot (de)	borcan (n)	[bor'kan]
blik (conserven~)	cutie (f)	[ku'tie]
emmer (de)	găleată (f)	[gə'lʲatə]
ton (bijv. regenton)	butoi (n)	[bu'toj]

ronde waterbak (de)	lighean (n)	[li'gʲan]
tank (bijv. watertank-70-ltr)	rezervor (n)	[rezer'vor]
heupfles (de)	damigeană (f)	[dami'ʤanə]
jerrycan (de)	canistră (f)	[ka'nistrə]
tank (bijv. ketelwagen)	cisternă (f)	[ʧis'ternə]

beker (de)	cană (f)	['kanə]
kopje (het)	ceaşcă (f)	['ʧaʃkə]
schoteltje (het)	farfurioară (f)	[farfurio'arə]
glas (het)	pahar (n)	[pa'har]
wijnglas (het)	cupă (f)	['kupə]
pan (de)	cratiţă (f)	['kratitsə]

fles (de)	sticlă (f)	['stiklə]
flessenhals (de)	gâtul (n) sticlei	['gɨtul 'stiklej]

karaf (de)	garafă (f)	[ga'rafə]
kruik (de)	ulcior (n)	[ul'ʧior]
vat (het)	vas (n)	[vas]
pot (de)	oală (f)	[o'alə]
vaas (de)	vază (f)	['vazə]

flacon (de)	flacon (n)	[fla'kon]
flesje (het)	sticluţă (f)	[sti'klutsə]
tube (bijv. ~ tandpasta)	tub (n)	[tub]

zak (bijv. ~ aardappelen)	sac (m)	[sak]
tasje (het)	pachet (n)	[pa'ket]
pakje (~ sigaretten, enz.)	pachet (n)	[pa'ket]

doos (de)	cutie (f)	[ku'tie]
kist (de)	ladă (f)	['ladə]
mand (de)	coş (n)	[koʃ]

MENS

Mens. Het lichaam

24. Hoofd

hoofd (het)	cap (n)	[kap]
gezicht (het)	față (f)	['fatsə]
neus (de)	nas (n)	[nas]
mond (de)	gură (f)	['gurə]
oog (het)	ochi (m)	[okʲ]
ogen (mv.)	ochi (m pl)	[okʲ]
pupil (de)	pupilă (f)	[pu'pilə]
wenkbrauw (de)	sprânceană (f)	[sprin'ʧanə]
wimper (de)	geană (f)	['dʒanə]
ooglid (het)	pleoapă (f)	[pleo'apə]
tong (de)	limbă (f)	['limbə]
tand (de)	dinte (m)	['dintə]
lippen (mv.)	buze (f pl)	['buze]
jukbeenderen (mv.)	pomeți (m pl)	[po'metsʲ]
tandvlees (het)	gingie (f)	[dʒin'dʒie]
gehemelte (het)	palat (n)	[pa'lat]
neusgaten (mv.)	nări (f pl)	[nərʲ]
kin (de)	bărbie (f)	[bər'bie]
kaak (de)	maxilar (n)	[maksi'lar]
wang (de)	obraz (m)	[o'braz]
voorhoofd (het)	frunte (f)	['frunte]
slaap (de)	tâmplă (f)	['timplə]
oor (het)	ureche (f)	[u'reke]
achterhoofd (het)	ceafă (f)	['ʧafə]
hals (de)	gât (n)	[git]
keel (de)	gât (n)	[git]
haren (mv.)	păr (m)	[pər]
kapsel (het)	coafură (f)	[koa'furə]
haarsnit (de)	tunsoare (f)	[tunso'are]
pruik (de)	perucă (f)	[pe'rukə]
snor (de)	mustăți (f pl)	[mus'tətsʲ]
baard (de)	barbă (f)	['barbə]
dragen (een baard, enz.)	a purta	[a pur'ta]
vlecht (de)	cosiță (f)	[ko'sitsə]
bakkebaarden (mv.)	favoriți (m pl)	[favo'ritsʲ]
ros (roodachtig, rossig)	roșcat	[roʃ'kat]
grijs (~ haar)	cărunt	[kə'runt]

kaal (bn)	chel	[kel]
kale plek (de)	chelie (f)	[ke'lie]
paardenstaart (de)	coadă (f)	[ko'adə]
pony (de)	breton (n)	[bre'ton]

25. Menselijk lichaam

| hand (de) | mână (f) | ['mɨnə] |
| arm (de) | braț (n) | [brats] |

vinger (de)	deget (n)	['dedʒet]
duim (de)	degetul (n) mare	['dedʒetul 'mare]
pink (de)	degetul (n) mic	['dedʒetul mik]
nagel (de)	unghie (f)	['ungie]

vuist (de)	pumn (m)	[pumn]
handpalm (de)	palmă (f)	['palmə]
pols (de)	încheietura (f) mâinii	[ɨnkeje'tura 'mɨnij]
voorarm (de)	antebraț (n)	[ante'brats]
elleboog (de)	cot (n)	[kot]
schouder (de)	umăr (m)	['umər]

been (rechter ~)	picior (n)	[pi'tʃior]
voet (de)	talpă (f)	['talpə]
knie (de)	genunchi (n)	[dʒe'nunkʲ]
kuit (de)	pulpă (f)	['pulpə]
heup (de)	coapsă (f)	[ko'apsə]
hiel (de)	călcâi (n)	[kəl'kɨj]

lichaam (het)	corp (n)	[korp]
buik (de)	burtă (f)	['burtə]
borst (de)	piept (n)	[pjept]
borst (de)	sân (m)	[sɨn]
zijde (de)	coastă (f)	[ko'astə]
rug (de)	spate (n)	['spate]
lage rug (de)	regiune (f) lombară	[redʒi'une lom'barə]
taille (de)	talie (f)	['talie]

navel (de)	buric (n)	[bu'rik]
billen (mv.)	fese (f pl)	['fese]
achterwerk (het)	șezut (n)	[ʃə'zut]

huidvlek (de)	aluniță (f)	[alu'nitsə]
moedervlek (de)	semn (n) din naștere	[semn din 'naʃtere]
tatoeage (de)	tatuaj (n)	[tatu'aʒ]
litteken (het)	cicatrice (f)	[tʃika'tritʃe]

Kleding en accessoires

26. Bovenkleding. Jassen

kleren (mv.)	îmbrăcăminte (f)	[ɨmbrəkə'mintə]
bovenkleding (de)	haină (f)	['hajnə]
winterkleding (de)	îmbrăcăminte (f) de iarnă	[ɨmbrəkə'mintə de 'jarnə]
jas (de)	palton (n)	[pal'ton]
bontjas (de)	şubă (f)	['ʃubə]
bontjasje (het)	scurtă (f) îmblănită	['skurtə ɨmblə'nitə]
donzen jas (de)	scurtă (f) de puf	['skurtə de 'puf]
jasje (bijv. een leren ~)	scurtă (f)	['skurtə]
regenjas (de)	trenci (f)	[trentʃi]
waterdicht (bn)	impermeabil (n)	[imperme'abil]

27. Heren & dames kleding

overhemd (het)	cămaşă (f)	[kə'maʃə]
broek (de)	pantaloni (m pl)	[panta'lonʲ]
jeans (de)	blugi (m pl)	[bludʒʲ]
colbert (de)	sacou (n)	[sa'kou]
kostuum (het)	costum (n)	[kos'tum]
jurk (de)	rochie (f)	['rokie]
rok (de)	fustă (f)	['fustə]
blouse (de)	bluză (f)	['bluzə]
wollen vest (de)	jachetă (f) tricotată	[ʒa'ketə triko'tatə]
blazer (kort jasje)	jachetă (f)	[ʒa'ketə]
T-shirt (het)	tricou (n)	[tri'kou]
shorts (mv.)	şorturi (n pl)	['ʃorturʲ]
trainingspak (het)	costum (n) sportiv	[kos'tum spor'tiv]
badjas (de)	halat (n)	[ha'lat]
pyjama (de)	pijama (f)	[piʒa'ma]
sweater (de)	sveter (n)	['sveter]
pullover (de)	pulover (n)	[pu'lover]
gilet (het)	vestă (f)	['vestə]
rokkostuum (het)	frac (n)	[frak]
smoking (de)	smoching (n)	['smoking]
uniform (het)	uniformă (f)	[uni'formə]
werkkleding (de)	haină (f) de lucru	['hajnə de 'lukru]
overall (de)	salopetă (f)	[salo'petə]
doktersjas (de)	halat (n)	[ha'lat]

28. Kleding. Ondergoed

ondergoed (het)	lenjerie (f) de corp	[lenʒe'rie de 'korp]
onderhemd (het)	maiou (n)	[ma'jou]
sokken (mv.)	şosete (f pl)	[ʃo'sete]

nachthemd (het)	cămaşă (f) de noapte	[kə'maʃe de no'apte]
beha (de)	sutien (n)	[su'tjen]
kniekousen (mv.)	ciorapi (m pl)	[tʃio'rapʲ]
panty (de)	ciorapi pantalon (m pl)	[tʃio'rapʲ panta'lon]
nylonkousen (mv.)	ciorapi (m pl)	[tʃio'rapʲ]
badpak (het)	costum (n) de baie	[kos'tum de 'bae]

29. Hoofddeksels

hoed (de)	căciulă (f)	[kə'tʃiulə]
deukhoed (de)	pălărie (f)	[pələ'rie]
honkbalpet (de)	şapcă (f)	['ʃapkə]
kleppet (de)	chipiu (n)	[ki'pju]

baret (de)	beretă (f)	[be'retə]
kap (de)	glugă (f)	['glugə]
panamahoed (de)	panama (f)	[pana'ma]
gebreide muts (de)	căciulă (f) împletită	[kə'tʃiulə imple'titə]

hoofddoek (de)	basma (f)	[bas'ma]
dameshoed (de)	pălărie (f) de damă	[pələ'rie de 'damə]

veiligheidshelm (de)	cască (f)	['kaskə]
veldmuts (de)	bonetă (f)	[bo'netə]
helm, valhelm (de)	coif (n)	[kojf]

bolhoed (de)	pălărie (f)	[pələ'rie]
hoge hoed (de)	joben (n)	[ʒo'ben]

30. Schoeisel

schoeisel (het)	încălţăminte (f)	[ɨnkəltsə'minte]
schoenen (mv.)	ghete (f pl)	['gete]
vrouwenschoenen (mv.)	pantofi (m pl)	[pan'tofʲ]
laarzen (mv.)	cizme (f pl)	['tʃizme]
pantoffels (mv.)	şlapi (m pl)	[ʃlapʲ]

sportschoenen (mv.)	adidaşi (m pl)	[a'didaʃ]
sneakers (mv.)	tenişi (m pl)	['teniʃ]
sandalen (mv.)	sandale (f pl)	[san'dale]

schoenlapper (de)	cizmar (m)	[tʃiz'mar]
hiel (de)	toc (n)	[tok]
paar (een ~ schoenen)	pereche (f)	[pe'reke]
veter (de)	şiret (n)	[ʃi'ret]

rijgen (schoenen ~)	a şnurui	[a ʃnuru'i]
schoenlepel (de)	lingură (f) pentru pantofi	['lingurə 'pentru pan'tofʲ]
schoensmeer (de/het)	cremă (f) de ghete	['kremə de 'gete]

31. Persoonlijke accessoires

handschoenen (mv.)	mănuşi (f pl)	[mə'nuʃ]
wanten (mv.)	mănuşi (f pl) cu un singur deget	[mə'nuʃ ku un 'singur 'dedʒet]
sjaal (fleece ~)	fular (m)	[fu'lar]

bril (de)	ochelari (m pl)	[oke'larʲ]
brilmontuur (het)	ramă (f)	['ramə]
paraplu (de)	umbrelă (f)	[um'brelə]
wandelstok (de)	baston (n)	[bas'ton]
haarborstel (de)	perie (f) de păr	[pe'rie de pər]
waaier (de)	evantai (n)	[evan'taj]

das (de)	cravată (f)	[kra'vatə]
strikje (het)	papion (n)	[papi'on]
bretels (mv.)	bretele (f pl)	[bre'tele]
zakdoek (de)	batistă (f)	[ba'tistə]

kam (de)	pieptene (m)	['pjeptəne]
haarspeldje (het)	agrafă (f)	[a'grafə]
schuifspeldje (het)	ac (n) de păr	[ak de pər]
gesp (de)	cataramă (f)	[kata'ramə]

| broekriem (de) | cordon (n) | [kor'don] |
| draagriem (de) | curea (f) | [ku'rʲa] |

handtas (de)	geantă (f)	['dʒantə]
damestas (de)	poşetă (f)	[po'ʃetə]
rugzak (de)	rucsac (n)	[ruk'sak]

32. Kleding. Diversen

mode (de)	modă (f)	['modə]
de mode (bn)	la modă	[la 'modə]
kledingstilist (de)	modelier (n)	[mode'ljer]

kraag (de)	guler (n)	['guler]
zak (de)	buzunar (n)	[buzu'nar]
zak- (abn)	de buzunar	[de buzu'nar]
mouw (de)	mânecă (f)	['minekə]
lusje (het)	gaică (f)	['gajkə]
gulp (de)	şliţ (n)	[ʃlits]

rits (de)	fermoar (n)	[fermo'ar]
sluiting (de)	capsă (f)	['kapsə]
knoop (de)	nasture (m)	['nasture]
knoopsgat (het)	butonieră (f)	[buto'njerə]

losraken (bijv. knopen)	a se rupe	[a se 'rupe]
naaien (kleren, enz.)	a coase	[a ko'ase]
borduren (ww)	a broda	[a bro'da]
borduursel (het)	broderie (f)	[brode'rie]
naald (de)	ac (n)	[ak]
draad (de)	aţă (f)	['atsə]
naad (de)	cusătură (f)	[kuse'turə]
vies worden (ww)	a se murdări	[a se murde'ri]
vlek (de)	pată (f)	['patə]
gekreukt raken (ov. kleren)	a se şifona	[a se ʃifo'na]
scheuren (ov.ww.)	a rupe	[a 'rupe]
mot (de)	molie (f)	['molie]

33. Persoonlijke verzorging. Schoonheidsmiddelen

tandpasta (de)	pastă (f) de dinţi	['paste de dintsʲ]
tandenborstel (de)	periuţă (f) de dinţi	[peri'utsə de dintsʲ]
tanden poetsen (ww)	a se spăla pe dinţi	[a se spe'la pe dintsʲ]
scheermes (het)	brici (n)	['britʃi]
scheerschuim (het)	cremă (f) de bărbierit	['kremə de bərbie'rit]
zich scheren (ww)	a se bărbieri	[a se bərbie'ri]
zeep (de)	săpun (n)	[sə'pun]
shampoo (de)	şampon (n)	[ʃam'pon]
schaar (de)	foarfece (n)	[fo'arfetʃe]
nagelvijl (de)	pilă (f) de unghii	['pile de 'ungij]
nagelknipper (de)	cleştişor (n)	[kleʃti'ʃor]
pincet (het)	pensetă (f)	[pen'setə]
cosmetica (mv.)	cosmetică (f)	[kos'metikə]
masker (het)	mască (f)	['maskə]
manicure (de)	manichiură (f)	[mani'kjurə]
manicure doen	a face manichiura	[a 'fatʃe mani'kjura]
pedicure (de)	pedichiură (f)	[pedi'kjurə]
cosmetica tasje (het)	trusă (f) de cosmetică	['truse de kos'metikə]
poeder (de/het)	pudră (f)	['pudrə]
poederdoos (de)	pudrieră (f)	[pudri'erə]
rouge (de)	fard de obraz (n)	[fard de o'braz]
parfum (de/het)	parfum (n)	[par'fum]
eau de toilet (de)	apă de toaletă (f)	['ape de toa'letə]
lotion (de)	loţiune (f)	[lotsi'une]
eau de cologne (de)	colonie (f)	[ko'lonie]
oogschaduw (de)	fard (n) de pleoape	[fard 'pentru pleo'ape]
oogpotlood (het)	creion (n) de ochi	[kre'jon 'pentru okʲ]
mascara (de)	rimel (n)	[ri'mel]
lippenstift (de)	ruj (n)	[ruʒ]
nagellak (de)	ojă (f)	['oʒə]

haarlak (de)	gel (n) de păr	[dʒel de pər]
deodorant (de)	deodorant (n)	[deodo'rant]

crème (de)	cremă (f)	['kremə]
gezichtscrème (de)	cremă (f) de față	['kremə de 'fatsə]
handcrème (de)	cremă (f) pentru mâini	['kremə 'pentru minʲ]
antirimpelcrème (de)	cremă (f) anti-rid	['kremə 'anti rid]
dag- (abn)	de zi	[de zi]
nacht- (abn)	de noapte	[de no'apte]

tampon (de)	tampon (n)	[tam'pon]
toiletpapier (het)	hârtie (f) igienică	[hir'tie idʒi'enikə]
föhn (de)	uscător (n) de păr	[uskə'tor de pər]

34. Horloges. Klokken

polshorloge (het)	ceas (n) de mână	[tʃas de 'minə]
wijzerplaat (de)	cadran (n)	[ka'dran]
wijzer (de)	acul (n) ceasornicului	['akul tʃasor'nikuluj]
metalen horlogeband (de)	brățară (f)	[brə'tsarə]
horlogebandje (het)	curea (f)	[ku'rʲa]

batterij (de)	baterie (f)	[bate'rie]
leeg zijn (ww)	a se termina	[a se termi'na]
batterij vervangen	a schimba bateria	[a skim'ba bate'rija]
voorlopen (ww)	a merge înainte	[a 'merdʒe ina'inte]
achterlopen (ww)	a rămâne în urmă	[a rə'mine in 'urmə]

wandklok (de)	pendulă (f)	[pen'dulə]
zandloper (de)	clepsidră (f)	[klep'sidrə]
zonnewijzer (de)	cadran (n) solar	[ka'dran so'lar]
wekker (de)	ceas (n) deşteptător	[tʃas deʃteptə'tor]
horlogemaker (de)	ceasornicar (m)	[tʃasorni'kar]
repareren (ww)	a repara	[a repa'ra]

Voedsel. Voeding

35. Voedsel

vlees (het)	carne (f)	['karne]
kip (de)	carne (f) de găină	['karne de gə'inə]
kuiken (het)	carne (f) de pui	['karne de puj]
eend (de)	carne (f) de rață	['karne de 'ratsə]
gans (de)	carne (f) de gâscă	['karne de 'giskə]
wild (het)	vânat (n)	[vɨ'nat]
kalkoen (de)	carne (f) de curcan	['karne de 'kurkan]
varkensvlees (het)	carne (f) de porc	['karne de pork]
kalfsvlees (het)	carne (f) de vițel	['karne de vi'tsel]
schapenvlees (het)	carne (f) de berbec	['karne de ber'bek]
rundvlees (het)	carne (f) de vită	['karne de 'vitə]
konijnenvlees (het)	carne (f) de iepure de casă	['karne de 'epure de 'kasə]
worst (de)	salam (n)	[sa'lam]
saucijs (de)	crenvurşt (n)	[kren'vurʃt]
spek (het)	costiță (f) afumată	[kos'titsə afu'matə]
ham (de)	şuncă (f)	['ʃunkə]
gerookte achterham (de)	pulpă (f)	['pulpə]
paté (de)	pateu (n)	[pa'teu]
lever (de)	ficat (m)	[fi'kat]
gehakt (het)	carne (f) tocată	['karne to'katə]
tong (de)	limbă (f)	['limbə]
ei (het)	ou (n)	['ow]
eieren (mv.)	ouă (n pl)	['owə]
eiwit (het)	albuş (n)	[al'buʃ]
eigeel (het)	gălbenuş	[gəlbe'nuʃ]
vis (de)	peşte (m)	['peʃte]
zeevruchten (mv.)	produse (n pl) marine	[pro'duse ma'rine]
kaviaar (de)	icre (f pl) de peşte	['ikre de 'peʃte]
krab (de)	crab (m)	[krab]
garnaal (de)	crevetă (f)	[kre'vetə]
oester (de)	stridie (f)	['stridie]
langoest (de)	langustă (f)	[lan'gustə]
octopus (de)	caracatiță (f)	[kara'katitsə]
inktvis (de)	calmar (m)	[kal'mar]
steur (de)	carne (f) de nisetru	['karne de ni'setru]
zalm (de)	somon (m)	[so'mon]
heilbot (de)	calcan (m)	[kal'kan]
kabeljauw (de)	batog (m)	[ba'tog]
makreel (de)	macrou (n)	[ma'krou]

| tonijn (de) | ton (m) | [ton] |
| paling (de) | ţipar (m) | [tsi'par] |

forel (de)	păstrăv (m)	[pəs'trəv]
sardine (de)	sardea (f)	[sar'dʲa]
snoek (de)	ştiucă (f)	['ʃtjukə]
haring (de)	scrumbie (f)	[skrum'bie]

brood (het)	pâine (f)	['pɨne]
kaas (de)	caşcaval (n)	['brɨnzə]
suiker (de)	zahăr (n)	['zahər]
zout (het)	sare (f)	['sare]

rijst (de)	orez (n)	[o'rez]
pasta (de)	paste (f pl)	['paste]
noedels (mv.)	tăiţei (m)	[təi'tsej]

boter (de)	unt (n)	['unt]
plantaardige olie (de)	ulei (n) vegetal	[u'lej vedʒe'tal]
zonnebloemolie (de)	ulei (n) de floarea-soarelui	[u'lej de flo'arʲa so'areluj]
margarine (de)	margarină (f)	[marga'rinə]

| olijven (mv.) | olive (f pl) | [o'live] |
| olijfolie (de) | ulei (n) de măsline | [u'lej de məs'line] |

melk (de)	lapte (n)	['lapte]
gecondenseerde melk (de)	lapte (n) condensat	['lapte konden'sat]
yoghurt (de)	iaurt (n)	[ja'urt]
zure room (de)	smântână (f)	[smɨn'tɨnə]
room (de)	frişcă (f)	['friʃkə]

| mayonaise (de) | maioneză (f) | [majo'nezə] |
| crème (de) | cremă (f) | ['kremə] |

graan (het)	crupe (f pl)	['krupe]
meel (het), bloem (de)	făină (f)	[fə'inə]
conserven (mv.)	conserve (f pl)	[kon'serve]

maïsvlokken (mv.)	fulgi (m pl) de porumb	['fuldʒʲ de po'rumb]
honing (de)	miere (f)	['mjere]
jam (de)	gem (n)	[dʒem]
kauwgom (de)	gumă (f) de mestecat	['gumə de meste'kat]

36. Drankjes

water (het)	apă (f)	['apə]
drinkwater (het)	apă (f) potabilă	['apə po'tabile]
mineraalwater (het)	apă (f) minerală	['apə mine'ralə]

zonder gas	necarbogazoasă	[nekarbogazo'asə]
koolzuurhoudend (bn)	carbogazoasă	[karbogazo'asə]
bruisend (bn)	gazoasă	[gazo'asə]
ijs (het)	gheaţă (f)	['gʲatsə]
met ijs	cu gheaţă	[ku 'gʲatsə]

alcohol vrij (bn)	fără alcool	['fərə alko'ol]
alcohol vrije drank (de)	băutură (f) fără alcool	[bəu'turə fərə alko'ol]
frisdrank (de)	băutură (f) răcoritoare	[bəu'turə rəkorito'are]
limonade (de)	limonadă (f)	[limo'nadə]

alcoholische dranken (mv.)	băuturi (f pl) alcoolice	[bəu'turʲ alko'olitʃe]
wijn (de)	vin (n)	[vin]
witte wijn (de)	vin (n) alb	[vin alb]
rode wijn (de)	vin (n) roşu	[vin 'roʃu]

likeur (de)	lichior (n)	[li'kør]
champagne (de)	şampanie (f)	[ʃam'panie]
vermout (de)	vermut (n)	[ver'mut]

whisky (de)	whisky (n)	['wiski]
wodka (de)	votcă (f)	['votkə]
gin (de)	gin (n)	[dʒin]
cognac (de)	coniac (n)	[ko'njak]
rum (de)	rom (n)	[rom]

koffie (de)	cafea (f)	[ka'fʲa]
zwarte koffie (de)	cafea (f) neagră	[ka'fʲa 'nʲagrə]
koffie (de) met melk	cafea (f) cu lapte	[ka'fʲa ku 'lapte]
cappuccino (de)	cafea (f) cu frişcă	[ka'fʲa ku 'friʃkə]
oploskoffie (de)	cafea (f) solubilă	[ka'fʲa so'lubilə]

melk (de)	lapte (n)	['lapte]
cocktail (de)	cocteil (n)	[kok'tejl]
milkshake (de)	cocteil (n) din lapte	[kok'tejl din 'lapte]

sap (het)	suc (n)	[suk]
tomatensap (het)	suc (n) de roşii	[suk de 'roʃij]
sinaasappelsap (het)	suc (n) de portocale	[suk de porto'kale]
vers geperst sap (het)	suc (n) natural	[suk natu'ral]

bier (het)	bere (f)	['bere]
licht bier (het)	bere (f) blondă	['bere 'blondə]
donker bier (het)	bere (f) brună	['bere 'brunə]

thee (de)	ceai (n)	[tʃaj]
zwarte thee (de)	ceai (n) negru	[tʃaj 'negru]
groene thee (de)	ceai (n) verde	[tʃaj 'verde]

37. Groenten

groenten (mv.)	legume (f pl)	[le'gume]
verse kruiden (mv.)	verdeaţă (f)	[ver'dʲatsə]

tomaat (de)	roşie (f)	['roʃie]
augurk (de)	castravete (m)	[kastra'vete]
wortel (de)	morcov (m)	['morkov]
aardappel (de)	cartof (m)	[kar'tof]
ui (de)	ceapă (f)	['tʃapə]
knoflook (de)	usturoi (m)	[ustu'roj]

T&P Books. Thematische woordenschat Nederlands-Roemeens - 5000 woorden

kool (de)	varză (f)	['varzə]
bloemkool (de)	conopidă (f)	[kono'pidə]
spruitkool (de)	varză (f) de Bruxelles	['varzə de bruk'selˡ]
broccoli (de)	broccoli (m)	['brokoli]

rode biet (de)	sfeclă (f)	['sfeklə]
aubergine (de)	pătlăgea (f) vânătă	[pətlə'dʒʲa 'vɨnətə]
courgette (de)	dovlecel (m)	[dovle'ʧel]
pompoen (de)	dovleac (m)	[dov'lʲak]
raap (de)	nap (m)	[nap]

peterselie (de)	pătrunjel (m)	[pətrun'ʒel]
dille (de)	mărar (m)	[mə'rar]
sla (de)	salată (f)	[sa'latə]
selderij (de)	ţelină (f)	['ʦelinə]
asperge (de)	sparanghel (m)	[sparan'gel]
spinazie (de)	spanac (n)	[spa'nak]

erwt (de)	mazăre (f)	['mazəre]
bonen (mv.)	boabe (f pl)	[bo'abe]
maïs (de)	porumb (m)	[po'rumb]
nierboon (de)	fasole (f)	[fa'sole]

peper (de)	piper (m)	[pi'per]
radijs (de)	ridiche (f)	[ri'dike]
artisjok (de)	anghinare (f)	[angi'nare]

38. Vruchten. Noten

vrucht (de)	fruct (n)	[frukt]
appel (de)	măr (n)	[mər]
peer (de)	pară (f)	['parə]
citroen (de)	lămâie (f)	[lə'mɨe]
sinaasappel (de)	portocală (f)	[porto'kalə]
aardbei (de)	căpşună (f)	[kəp'ʃunə]

mandarijn (de)	mandarină (f)	[manda'rinə]
pruim (de)	prună (f)	['prunə]
perzik (de)	piersică (f)	['pjersikə]
abrikoos (de)	caisă (f)	[ka'isə]
framboos (de)	zmeură (f)	['zmeurə]
ananas (de)	ananas (m)	[ana'nas]

banaan (de)	banană (f)	[ba'nanə]
watermeloen (de)	pepene (m) verde	['pepene 'verde]
druif (de)	struguri (m pl)	['strugurʲ]
zure kers (de)	vişină (f)	['viʃinə]
zoete kers (de)	cireaşă (f)	[ʧi'rʲaʃə]
meloen (de)	pepene (m) galben	['pepene 'galben]

grapefruit (de)	grepfrut (n)	['grepfrut]
avocado (de)	avocado (n)	[avo'kado]
papaja (de)	papaia (f)	[pa'paja]
mango (de)	mango (n)	['mango]

granaatappel (de)	rodie (f)	['rodie]
rode bes (de)	coacăză (f) roşie	[ko'akəzə 'roʃie]
zwarte bes (de)	coacăză (f) neagră	[ko'akəzə 'nʲagrə]
kruisbes (de)	agrişă (f)	[a'griʃə]
blauwe bosbes (de)	afină (f)	[a'finə]
braambes (de)	mură (f)	['murə]
rozijn (de)	stafidă (f)	[sta'fidə]
vijg (de)	smochină (f)	[smo'kinə]
dadel (de)	curmală (f)	[kur'malə]
pinda (de)	arahidă (f)	[ara'hidə]
amandel (de)	migdală (f)	[mig'dalə]
walnoot (de)	nucă (f)	['nukə]
hazelnoot (de)	alună (f) de pădure	[a'lunə de pə'dure]
kokosnoot (de)	nucă (f) de cocos	['nukə de 'kokos]
pistaches (mv.)	fistic (m)	['fistik]

39. Brood. Snoep

suikerbakkerij (de)	produse (n pl) de cofetărie	[pro'duse də kofetə'rie]
brood (het)	pâine (f)	['pine]
koekje (het)	biscuit (m)	[bisku'it]
chocolade (de)	ciocolată (f)	[tʃioko'latə]
chocolade- (abn)	de, din ciocolată	[de, din tʃioko'latə]
snoepje (het)	bomboană (f)	[bombo'anə]
cakeje (het)	prăjitură (f)	[prəʒi'turə]
taart (bijv. verjaardags~)	tort (n)	[tort]
pastei (de)	plăcintă (f)	[plə'tʃintə]
vulling (de)	umplutură (f)	[umplu'turə]
confituur (de)	dulceaţă (f)	[dul'tʃatsə]
marmelade (de)	marmeladă (f)	[marme'ladə]
wafel (de)	napolitane (f pl)	[napoli'tane]
ijsje (het)	îngheţată (f)	[inge'tsatə]

40. Bereide gerechten

gerecht (het)	fel (n) de mâncare	[fel de mi'nkare]
keuken (bijv. Franse ~)	bucătărie (f)	[bukətə'rie]
recept (het)	reţetă (f)	[re'tsetə]
portie (de)	porţie (f)	['portsie]
salade (de)	salată (f)	[sa'latə]
soep (de)	supă (f)	['supə]
bouillon (de)	supă (f) de carne	['supe de 'karne]
boterham (de)	tartină (f)	[tar'tinə]
spiegelei (het)	omletă (f)	[om'letə]
hamburger (de)	hamburger (m)	['hamburger]

biefstuk (de)	biftec (n)	[bif'tek]
garnering (de)	garnitură (f)	[garni'turə]
spaghetti (de)	spaghete (f pl)	[spa'gete]
aardappelpuree (de)	piure (n) de cartofi	[pju're de kar'tofʲ]
pizza (de)	pizza (f)	['pitsa]
pap (de)	caşă (f)	['kaʃə]
omelet (de)	omletă (f)	[om'letə]

gekookt (in water)	fiert	[fiert]
gerookt (bn)	afumat	[afu'mat]
gebakken (bn)	prăjit	[prə'ʒit]
gedroogd (bn)	uscat	[us'kat]
diepvries (bn)	congelat	[kondʒe'lat]
gemarineerd (bn)	marinat	[mari'nat]

zoet (bn)	dulce	['dultʃe]
gezouten (bn)	sărat	[sə'rat]
koud (bn)	rece	['retʃe]
heet (bn)	fierbinte	[fier'binte]
bitter (bn)	amar	[a'mar]
lekker (bn)	gustos	[gus'tos]

koken (in kokend water)	a fierbe	[a 'fjerbe]
bereiden (avondmaaltijd ~)	a găti	[a gə'ti]
bakken (ww)	a prăji	[a prə'ʒi]
opwarmen (ww)	a încălzi	[a inkəl'zi]

zouten (ww)	a săra	[a sə'ra]
peperen (ww)	a pipera	[a pipe'ra]
raspen (ww)	a da prin răzătoare	[a da prin rəzeto'are]
schil (de)	coajă (f)	[ko'aʒə]
schillen (ww)	a curăţa	[a kurə'tsa]

41. Kruiden

zout (het)	sare (f)	['sare]
gezouten (bn)	sărat	[sə'rat]
zouten (ww)	a săra	[a sə'ra]

zwarte peper (de)	piper (m) negru	[pi'per 'negru]
rode peper (de)	piper (m) roşu	[pi'per 'roʃu]
mosterd (de)	muştar (m)	[muʃ'tar]
mierikswortel (de)	hrean (n)	[hrʲan]

condiment (het)	condiment (n)	[kondi'ment]
specerij, kruiderij (de)	condiment (n)	[kondi'ment]
saus (de)	sos (n)	[sos]
azijn (de)	oţet (n)	[o'tset]

anijs (de)	anason (m)	[ana'son]
basilicum (de)	busuioc (n)	[busu'jok]
kruidnagel (de)	cuişoare (f pl)	[kuiʃo'are]
gember (de)	ghimber (m)	[gim'ber]
koriander (de)	coriandru (m)	[kori'andru]

T&P Books. Thematische woordenschat Nederlands-Roemeens - 5000 woorden

kaneel (de/het)	scorţişoară (f)	[skortsiʃo'arə]
sesamzaad (het)	susan (m)	[su'san]
laurierblad (het)	foi (f) de dafin	[foj de 'dafin]
paprika (de)	paprică (f)	['paprikə]
komijn (de)	chimen (m)	[ki'men]
saffraan (de)	şofran (m)	[ʃo'fran]

42. Maaltijden

| eten (het) | mâncare (f) | [mɨn'kare] |
| eten (ww) | a mânca | [a mɨn'ka] |

ontbijt (het)	micul dejun (n)	['mikul de'ʒun]
ontbijten (ww)	a lua micul dejun	[a lu'a 'mikul de'ʒun]
lunch (de)	prânz (n)	[prɨnz]
lunchen (ww)	a lua prânzul	[a lu'a 'prɨnzul]
avondeten (het)	cină (f)	['tʃinə]
souperen (ww)	a cina	[a tʃi'na]

| eetlust (de) | poftă (f) de mâncare | ['poftə de mɨ'nkare] |
| Eet smakelijk! | Poftă bună! | ['poftə 'bunə] |

openen (een fles ~)	a deschide	[a des'kide]
morsen (koffie, enz.)	a vărsa	[a vər'sa]
zijn gemorst	a se vărsa	[a se vər'sa]
koken (water kookt bij 100°C)	a fierbe	[a 'fjerbe]
koken (Hoe om water te ~)	a fierbe	[a 'fjerbe]
gekookt (~ water)	fiert	[fiert]
afkoelen (koeler maken)	a răci	[a rə'tʃi]
afkoelen (koeler worden)	a se răci	[a se rə'tʃi]

| smaak (de) | gust (n) | [gust] |
| nasmaak (de) | aromă (f) | [a'romə] |

volgen een dieet	a slăbi	[a slə'bi]
dieet (het)	dietă (f)	[di'etə]
vitamine (de)	vitamină (f)	[vita'minə]
calorie (de)	calorie (f)	[kalo'rie]
vegetariër (de)	vegetarian (m)	[vedʒetari'an]
vegetarisch (bn)	vegetarian	[vedʒetari'an]

vetten (mv.)	grăsimi (f pl)	[grə'simʲ]
eiwitten (mv.)	proteine (f pl)	[prote'ine]
koolhydraten (mv.)	hidraţi (m pl) de carbon	[hi'dratsʲ de kar'bon]
snede (de)	felie (f)	[fe'lie]
stuk (bijv. een ~ taart)	bucată (f)	[bu'katə]
kruimel (de)	firimitură (f)	[firimi'turə]

43. Tafelschikking

| lepel (de) | lingură (f) | ['lingurə] |
| mes (het) | cuţit (n) | [ku'tsit] |

vork (de)	furculiță (f)	[furku'litsə]
kopje (het)	ceașcă (f)	['tʃaʃkə]
bord (het)	farfurie (f)	[farfu'rie]
schoteltje (het)	farfurioară (f)	[farfurio'arə]
servet (het)	șervețel (n)	[ʃerve'tsel]
tandenstoker (de)	scobitoare (f)	[skobito'are]

44. Restaurant

restaurant (het)	restaurant (n)	[restau'rant]
koffiehuis (het)	cafenea (f)	[kafe'nʲa]
bar (de)	bar (n)	[bar]
tearoom (de)	salon (n) de ceai	[sa'lon de tʃaj]

kelner, ober (de)	chelner (m)	['kelner]
serveerster (de)	chelneriță (f)	[kelne'ritsə]
barman (de)	barman (m)	['barman]

menu (het)	meniu (n)	[me'nju]
wijnkaart (de)	meniu (n) de vinuri	[menju de 'vinurʲ]
een tafel reserveren	a rezerva o masă	[a rezer'va o 'masə]

gerecht (het)	mâncare (f)	[mɨn'kare]
bestellen (eten ~)	a comanda	[a koman'da]
een bestelling maken	a face comandă	[a 'fatʃe ko'mandə]

aperitief (de/het)	aperitiv (n)	[aperi'tiv]
voorgerecht (het)	gustare (f)	[gus'tare]
dessert (het)	desert (n)	[de'sert]

rekening (de)	notă (f) de plată	['notə de 'platə]
de rekening betalen	a achita nota de plată	[a aki'ta 'nota de 'platə]
wisselgeld teruggeven	a da rest	[a da 'rest]
fooi (de)	bacșiș (n)	[bak'ʃiʃ]

Familie, verwanten en vrienden

45. Persoonlijke informatie. Formulieren

naam (de)	prenume (n)	[pre'nume]
achternaam (de)	nume (n)	['nume]
geboortedatum (de)	data (f) naşterii	['data 'naʃterij]
geboorteplaats (de)	locul (n) naşterii	['lokul 'naʃterij]
nationaliteit (de)	naţionalitate (f)	[natsionali'tate]
woonplaats (de)	locul (n) de reşedinţă	['lokul de reʃe'dintsə]
land (het)	ţară (f)	['tsarə]
beroep (het)	profesie (f)	[pro'fesie]
geslacht	sex (n)	[seks]
(ov. het vrouwelijk ~)		
lengte (de)	înălţime (f)	[ɨnəl'tsime]
gewicht (het)	greutate (f)	[greu'tate]

46. Familieleden. Verwanten

moeder (de)	mamă (f)	['mamə]
vader (de)	tată (m)	['tatə]
zoon (de)	fiu (m)	['fju]
dochter (de)	fiică (f)	['fiikə]
jongste dochter (de)	fiica (f) mai mică	['fiika maj 'mikə]
jongste zoon (de)	fiul (m) mai mic	['fjul maj mik]
oudste dochter (de)	fiica (f) mai mare	['fiika maj 'mare]
oudste zoon (de)	fiul (m) mai mare	['fjul maj 'mare]
broer (de)	frate (m)	['frate]
zuster (de)	soră (f)	['sorə]
neef (zoon van oom, tante)	văr (m)	[vər]
nicht (dochter van oom, tante)	vară (f)	['varə]
mama (de)	mamă (f)	['mamə]
papa (de)	tată (m)	['tatə]
ouders (mv.)	părinţi (m pl)	[pə'rintsʲ]
kind (het)	copil (m)	[ko'pil]
kinderen (mv.)	copii (m pl)	[ko'pij]
oma (de)	bunică (f)	[bu'nikə]
opa (de)	bunic (m)	[bu'nik]
kleinzoon (de)	nepot (m)	[ne'pot]
kleindochter (de)	nepoată (f)	[nepo'atə]
kleinkinderen (mv.)	nepoţi (m pl)	[ne'potsʲ]

oom (de)	unchi (m)	[unkʲ]
tante (de)	mătușă (f)	[mə'tuʃə]
neef (zoon van broer, zus)	nepot (m)	[ne'pot]
nicht (dochter van broer, zus)	nepoată (f)	[nepo'atə]
schoonmoeder (de)	soacră (f)	[so'akrə]
schoonvader (de)	socru (m)	['sokru]
schoonzoon (de)	cumnat (m)	[kum'nat]
stiefmoeder (de)	mamă vitregă (f)	['mamə 'vitregə]
stiefvader (de)	tată vitreg (m)	['tatə 'vitreg]
zuigeling (de)	sugaci (m)	[su'gatʃi]
wiegenkind (het)	prunc (m)	[prunk]
kleuter (de)	pici (m)	[pitʃi]
vrouw (de)	soție (f)	[so'tsie]
man (de)	soț (m)	[sots]
echtgenoot (de)	soț (m)	[sots]
echtgenote (de)	soție (f)	[so'tsie]
gehuwd (mann.)	căsătorit	[kəsəto'rit]
gehuwd (vrouw.)	căsătorită	[kəsəto'ritə]
ongehuwd (mann.)	celibatar (m)	[tʃeliba'tar]
vrijgezel (de)	burlac (m)	[bur'lak]
gescheiden (bn)	divorțat	[divor'tsat]
weduwe (de)	văduvă (f)	[vəduvə]
weduwnaar (de)	văduv (m)	[vəduv]
familielid (het)	rudă (f)	['rudə]
dichte familielid (het)	rudă (f) apropiată	['rudə apropi'jatə]
verre familielid (het)	rudă (f) îndepărtată	['rudə indeper'tatə]
familieleden (mv.)	rude (f pl) de sânge	['rude de 'sindʒe]
wees (de), weeskind (het)	orfan (m)	[or'fan]
voogd (de)	tutore (m)	[tu'tore]
adopteren (een jongen te ~)	a adopta	[a adop'ta]
adopteren (een meisje te ~)	a adopta	[a adop'ta]

Geneeskunde

47. Ziekten

ziekte (de)	boală (f)	[bo'ale]
ziek zijn (ww)	a fi bolnav	[a fi bol'nav]
gezondheid (de)	sănătate (f)	[sene'tate]
snotneus (de)	guturai (n)	[gutu'raj]
angina (de)	anghină (f)	[a'ngine]
verkoudheid (de)	răceală (f)	[re'tʃale]
verkouden raken (ww)	a răci	[a re'tʃi]
bronchitis (de)	bronşită (f)	[bron'ʃite]
longontsteking (de)	pneumonie (f)	[pneumo'nie]
griep (de)	gripă (f)	['gripe]
bijziend (bn)	miop	[mi'op]
verziend (bn)	prezbit	[prez'bit]
scheelheid (de)	strabism (n)	[stra'bism]
scheel (bn)	saşiu	[sa'ʃiu]
grauwe staar (de)	cataractă (f)	[kata'rakte]
glaucoom (het)	glaucom (n)	[glau'kom]
beroerte (de)	congestie (f)	[kon'dʒestie]
hartinfarct (het)	infarct (n)	[in'farkt]
myocardiaal infarct (het)	infarct (n) miocardic	[in'farkt mio'kardik]
verlamming (de)	paralizie (f)	[parali'zie]
verlammen (ww)	a paraliza	[a parali'za]
allergie (de)	alergie (f)	[aler'dʒie]
astma (de/het)	astmă (f)	['astme]
diabetes (de)	diabet (n)	[dia'bet]
tandpijn (de)	durere (f) de dinţi	[du'rere de dints]
tandbederf (het)	carie (f)	['karie]
diarree (de)	diaree (f)	[dia'ree]
constipatie (de)	constipaţie (f)	[konsti'patsie]
maagstoornis (de)	deranjament (n) la stomac	[deranʒa'ment la sto'mak]
voedselvergiftiging (de)	intoxicare (f)	[intoksi'kare]
voedselvergiftiging oplopen	a se intoxica	[a se intoksi'ka]
artritis (de)	artrită (f)	[ar'trite]
rachitis (de)	rahitism (n)	[rahi'tism]
reuma (het)	reumatism (n)	[reuma'tism]
arteriosclerose (de)	ateroscleroză (f)	[arterioskle'roze]
gastritis (de)	gastrită (f)	[gas'trite]
blindedarmontsteking (de)	apendicită (f)	[apendi'tʃite]

galblaasontsteking (de)	colecistită (f)	[koletʃis'titə]
zweer (de)	ulcer (n)	[ul'tʃer]

mazelen (mv.)	pojar	[po'ʒar]
rodehond (de)	rubeolă (f)	[ruʒe'olə]
geelzucht (de)	icter (n)	['ikter]
leverontsteking (de)	hepatită (f)	[hepa'titə]

schizofrenie (de)	schizofrenie (f)	[skizofre'nie]
dolheid (de)	turbare (f)	[tur'bare]
neurose (de)	nevroză (f)	[ne'vrozə]
hersenschudding (de)	comoție (f) cerebrală	[ko'motsie tʃerə'bralə]

kanker (de)	cancer (n)	['kantʃer]
sclerose (de)	scleroză (f)	[skle'rozə]
multiple sclerose (de)	scleroză multiplă (f)	[skle'rozə mul'tiplə]

alcoholisme (het)	alcoolism (n)	[alkoo'lizm]
alcoholicus (de)	alcoolic (m)	[alko'olik]
syfilis (de)	sifilis (n)	['sifilis]
AIDS (de)	SIDA (f)	['sida]

tumor (de)	tumoare (f)	[tumo'are]
kwaadaardig (bn)	malignă	[ma'lignə]
goedaardig (bn)	benignă	[be'nignə]

koorts (de)	friguri (n pl)	['frigurʲ]
malaria (de)	malarie (f)	[mala'rie]
gangreen (het)	cangrenă (f)	[kan'grenə]
zeeziekte (de)	rău (n) de mare	[rəu de 'mare]
epilepsie (de)	epilepsie (f)	[epilep'sie]

epidemie (de)	epidemie (f)	[epide'mie]
tyfus (de)	tifos (n)	['tifos]
tuberculose (de)	tuberculoză (f)	[tuberku'lozə]
cholera (de)	holeră (f)	['holerə]
pest (de)	ciumă (f)	['tʃiumə]

48. Symptomen. Behandelingen. Deel 1

symptoom (het)	simptom (n)	[simp'tom]
temperatuur (de)	temperatură (f)	[tempera'turə]
verhoogde temperatuur (de)	febră (f)	['febrə]
polsslag (de)	puls (n)	[puls]

duizeling (de)	amețeală (f)	[ame'tsʲalə]
heet (erg warm)	fierbinte	[fier'binte]
koude rillingen (mv.)	frisoane (n pl)	[friso'ane]
bleek (bn)	palid	['palid]

hoest (de)	tuse (f)	['tuse]
hoesten (ww)	a tuşi	[a tu'ʃi]
niezen (ww)	a strănuta	[a strənu'ta]
flauwte (de)	leşin (n)	[le'ʃin]

flauwvallen (ww)	a leşina	[a leʃi'na]
blauwe plek (de)	vânătaie (f)	[vinə'tae]
buil (de)	cucui (n)	[ku'kuj]
zich stoten (ww)	a se lovi	[a se lo'vi]
kneuzing (de)	contuzie (f)	[kon'tuzie]
kneuzen (gekneusd zijn)	a se lovi	[a se lo'vi]

hinken (ww)	a şchiopăta	[a ʃkiopə'ta]
verstuiking (de)	luxaţie (f)	[luk'satsie]
verstuiken (enkel, enz.)	a luxa	[a luk'sa]
breuk (de)	fractură (f)	[frak'turə]
een breuk oplopen	a fractura	[a fraktu'ra]

snijwond (de)	tăietură (f)	[təe'turə]
zich snijden (ww)	a se tăia	[a se tə'ja]
bloeding (de)	sângerare (f)	[sindʒe'rare]

| brandwond (de) | arsură (f) | [ar'surə] |
| zich branden (ww) | a se frige | [a se 'fridʒe] |

prikken (ww)	a înţepa	[a intse'pa]
zich prikken (ww)	a se înţepa	[a s intse'pa]
blesseren (ww)	a se răni	[a se rə'ni]
blessure (letsel)	vătămare (f)	[vətə'mare]
wond (de)	rană (f)	['ranə]
trauma (het)	traumă (f)	['traumə]

ijlen (ww)	a delira	[a deli'ra]
stotteren (ww)	a se bâlbâi	[a se bilbi'i]
zonnesteek (de)	insolaţie (f)	[inso'latsie]

49. Symptomen. Behandelingen. Deel 2

| pijn (de) | durere (f) | [du'rere] |
| splinter (de) | ghimpe (m) | ['gimpe] |

zweet (het)	transpiraţie (f)	[transpi'ratsie]
zweten (ww)	a transpira	[a transpi'ra]
braking (de)	vomă (f)	['vomə]
stuiptrekkingen (mv.)	convulsii (f pl)	[kon'vulsij]

zwanger (bn)	gravidă (f)	[gra'vidə]
geboren worden (ww)	a se naşte	[a se 'naʃte]
geboorte (de)	naştere (f)	['naʃtere]
baren (ww)	a naşte	[a 'naʃte]
abortus (de)	avort (n)	[a'vort]

ademhaling (de)	respiraţie (f)	[respi'ratsie]
inademing (de)	inspiraţie (f)	[inspi'ratsie]
uitademing (de)	expiraţie (f)	[ekspi'ratsie]
uitademen (ww)	a expira	[a ekspi'ra]
inademen (ww)	a inspira	[a inspi'ra]
invalide (de)	invalid (m)	[inva'lid]
gehandicapte (de)	infirm (m)	[in'firm]

drugsverslaafde (de)	narcoman (m)	[narko'man]
doof (bn)	surd	[surd]
stom (bn)	mut	[mut]
doofstom (bn)	surdo-mut	[surdo'mut]

krankzinnig (bn)	nebun	[ne'bun]
krankzinnige (man)	nebun (m)	[ne'bun]
krankzinnige (vrouw)	nebună (f)	[ne'bunə]
krankzinnig worden	a înnebuni	[a innebu'ni]

gen (het)	genă (f)	['dʒenə]
immuniteit (de)	imunitate (f)	[imuni'tate]
erfelijk (bn)	ereditar	[eredi'tar]
aangeboren (bn)	congenital	[kondʒeni'tal]

virus (het)	virus (m)	['virus]
microbe (de)	microb (m)	[mi'krob]
bacterie (de)	bacterie (f)	[bak'terie]
infectie (de)	infecţie (f)	[in'fektsie]

50. Symptomen. Behandelingen. Deel 3

| ziekenhuis (het) | spital (n) | [spi'tal] |
| patiënt (de) | pacient (m) | [patʃi'ent] |

diagnose (de)	diagnostic (n)	[diag'nostik]
genezing (de)	tratament (n)	[trata'ment]
onder behandeling zijn	a urma tratament	[a ur'ma trata'ment]
behandelen (ww)	a trata	[a tra'ta]
zorgen (zieken ~)	a îngriji	[a ingri'ʒi]
ziekenzorg (de)	îngrijire (f)	[ingri'ʒire]

operatie (de)	operaţie (f)	[ope'ratsie]
verbinden (een arm ~)	a pansa	[a pan'sa]
verband (het)	pansare (f)	[pan'sare]

vaccin (het)	vaccin (n)	[vak'tʃin]
inenten (vaccineren)	a vaccina	[a vaktʃi'na]
injectie (de)	injecţie (f)	[in'ʒektsie]
een injectie geven	a face injecţie	[a 'fatʃe in'ʒektsie]

amputatie (de)	amputare (f)	[ampu'tare]
amputeren (ww)	a amputa	[a ampu'ta]
coma (het)	comă (f)	['komə]
in coma liggen	a fi în comă	[a fi in 'komə]
intensieve zorg, ICU (de)	reanimare (f)	[reani'mare]

zich herstellen (ww)	a se vindeca	[a se vinde'ka]
toestand (de)	stare (f)	['stare]
bewustzijn (het)	conştiinţă (f)	[konʃti'intsə]
geheugen (het)	memorie (f)	[me'morie]

| trekken (een kies ~) | a extrage | [a eks'tradʒe] |
| vulling (de) | plombă (f) | ['plombə] |

vullen (ww)	a plomba	[a plom'ba]
hypnose (de)	hipnoză (f)	[hip'nozə]
hypnotiseren (ww)	a hipnotiza	[a hipnoti'za]

51. Artsen

dokter, arts (de)	medic (m)	['medik]
ziekenzuster (de)	asistentă (f) medicală	[asis'tentə medi'kalə]
lijfarts (de)	medic (m) personal	['medik perso'nal]

tandarts (de)	stomatolog (m)	[stomato'log]
oogarts (de)	oculist (m)	[oku'list]
therapeut (de)	terapeut (m)	[terape'ut]
chirurg (de)	chirurg (m)	[ki'rurg]

psychiater (de)	psihiatru (m)	[psihi'atru]
pediater (de)	pediatru (m)	[pedi'atru]
psycholoog (de)	psiholog (m)	[psiho'log]
gynaecoloog (de)	ginecolog (m)	[ʤineko'log]
cardioloog (de)	cardiolog (m)	[kardio'log]

52. Geneeskunde. Medicijnen. Accessoires

geneesmiddel (het)	medicament (n)	[medika'ment]
middel (het)	remediu (n)	[re'medju]
recept (het)	reţetă (f)	[re'tsetə]

tablet (de/het)	pastilă (f)	[pas'tilə]
zalf (de)	unguent (n)	[ungu'ent]
ampul (de)	fiolă (f)	[fi'olə]
drank (de)	mixtură (f)	[miks'turə]
siroop (de)	sirop (n)	[si'rop]
pil (de)	pilulă (f)	[pi'lulə]
poeder (de/het)	praf (n)	[praf]

verband (het)	bandaj (n)	[ban'daʒ]
watten (mv.)	vată (f)	['vatə]
jodium (het)	iod (n)	[jod]

pleister (de)	leucoplast (n)	[leuko'plast]
pipet (de)	pipetă (f)	[pi'petə]
thermometer (de)	termometru (n)	[termo'metru]
spuit (de)	seringă (f)	[se'ringə]

| rolstoel (de) | cărucior (n) pentru invalizi | [kəru'tʃior 'pentru inva'lizʲ] |
| krukken (mv.) | cârje (f pl) | ['kɨrʒe] |

pijnstiller (de)	anestezic (n)	[anes'tezik]
laxeermiddel (het)	laxativ (n)	[laksa'tiv]
spiritus (de)	spirt (n)	[spirt]
medicinale kruiden (mv.)	plante (f pl) medicinale	['plante meditʃi'nale]
kruiden- (abn)	din plante medicinale	[din 'plante meditʃi'nale]

HET MENSELIJKE LEEFGEBIED

Stad

53. Stad. Het leven in de stad

Nederlands	Roemeens	Uitspraak
stad (de)	oraş (n)	[o'raʃ]
hoofdstad (de)	capitală (f)	[kapi'talə]
dorp (het)	sat (n)	[sat]
plattegrond (de)	planul (n) oraşului	['planul o'raʃuluj]
centrum (ov. een stad)	centrul (n) oraşului	['tʃentrul o'raʃuluj]
voorstad (de)	suburbie (f)	[subur'bie]
voorstads- (abn)	din suburbie	[din subur'bie]
randgemeente (de)	margine (f)	['mardʒine]
omgeving (de)	împrejurimi (f pl)	[impreʒu'rimʲ]
blok (huizenblok)	cartier (n)	[kar'tjer]
woonwijk (de)	cartier (n) locativ	[ka'rtjer loka'tiv]
verkeer (het)	circulaţie (f)	[tʃirku'latsie]
verkeerslicht (het)	semafor (n)	[sema'for]
openbaar vervoer (het)	transport (n) urban	[trans'port ur'ban]
kruispunt (het)	intersecţie (f)	[inter'sektsie]
zebrapad (oversteekplaats)	trecere (f)	['tretʃere]
onderdoorgang (de)	trecere (f) subterană	['tretʃere subte'ranə]
oversteken (de straat ~)	a traversa	[a traver'sa]
voetganger (de)	pieton (m)	[pie'ton]
trottoir (het)	trotuar (n)	[trotu'ar]
brug (de)	pod (n)	[pod]
dijk (de)	faleză (f)	[fa'lezə]
fontein (de)	havuz (n)	[ha'vuz]
allee (de)	alee (f)	[a'lee]
park (het)	parc (n)	[park]
boulevard (de)	bulevard (n)	[bule'vard]
plein (het)	piaţă (f)	['pjatsə]
laan (de)	prospect (n)	[pros'pekt]
straat (de)	stradă (f)	['stradə]
zijstraat (de)	stradelă (f)	[stra'delə]
doodlopende straat (de)	fundătură (f)	[fundə'turə]
huis (het)	casă (f)	['kasə]
gebouw (het)	clădire (f)	[klə'dire]
wolkenkrabber (de)	zgârie-nori (m)	['zgirie norʲ]
gevel (de)	faţadă (f)	[fa'tsadə]
dak (het)	acoperiş (n)	[akope'riʃ]

venster (het)	fereastră (f)	[fe'rʲastrə]
boog (de)	arc (n)	[ark]
pilaar (de)	coloană (f)	[kolo'anə]
hoek (ov. een gebouw)	colț (n)	[kolts]

vitrine (de)	vitrină (f)	[vi'trinə]
gevelreclame (de)	firmă (f)	['firmə]
affiche (de/het)	afiș (n)	[a'fiʃ]
reclameposter (de)	afișaj (n)	[afi'ʃaʒ]
aanplakbord (het)	panou (n) publicitar	[pa'nu publitʃi'tar]

vuilnis (de/het)	gunoi (n)	[gu'noj]
vuilnisbak (de)	coș (n) de gunoi	[koʃ de gu'noj]
afval weggooien (ww)	a face murdărie	[a 'fatʃe murdə'rie]
stortplaats (de)	groapă (f) de gunoi	[gro'apə de gu'noj]

telefooncel (de)	cabină (f) telefonică	[ka'binə tele'fonikə]
straatlicht (het)	stâlp (m) de felinar	[stɨlp de feli'nar]
bank (de)	bancă (f)	['bankə]

politieagent (de)	polițist (m)	[poli'tsist]
politie (de)	poliție (f)	[po'litsie]
zwerver (de)	cerșetor (m)	[tʃerʃe'tor]
dakloze (de)	vagabond (m)	[vaga'bond]

54. Stedelijke instellingen

winkel (de)	magazin (n)	[maga'zin]
apotheek (de)	farmacie (f)	[farma'tʃie]
optiek (de)	optică (f)	['optikə]
winkelcentrum (het)	centru (n) comercial	['tʃentru komertʃi'al]
supermarkt (de)	supermarket (n)	[super'market]

bakkerij (de)	brutărie (f)	[brutə'rie]
bakker (de)	brutar (m)	[bru'tar]
banketbakkerij (de)	cofetărie (f)	[kofetə'rie]
kruidenier (de)	băcănie (f)	[bəkə'nie]
slagerij (de)	hală (f) de carne	['halə de 'karne]

groentewinkel (de)	magazin (m) de legume	[maga'zin de le'gume]
markt (de)	piață (f)	['pjatsə]

koffiehuis (het)	cafenea (f)	[kafe'nʲa]
restaurant (het)	restaurant (n)	[restau'rant]
bar (de)	berărie (f)	[berə'rie]
pizzeria (de)	pizzerie (f)	[pitse'rie]

kapperssalon (de/het)	frizerie (f)	[frize'rie]
postkantoor (het)	poștă (f)	['poʃtə]
stomerij (de)	curățătorie (f) chimică	[kurətseto'rie 'kimikə]
fotostudio (de)	atelier (n) foto	[ate'ljer 'foto]

schoenwinkel (de)	magazin (n) de încălțăminte	[maga'zin de ɨnkəltsə'minte]
boekhandel (de)	librărie (f)	[librə'rie]

sportwinkel (de)	magazin (n) sportiv	[maga'zin spor'tiv]
kledingreparatie (de)	croitorie (f)	[kroito'rie]
kledingverhuur (de)	închiriere (f) de haine	[inki'rjere de 'hajne]
videotheek (de)	închiriere (f) de filme	[inki'rjere de 'filme]
circus (de/het)	circ (n)	[ʧirk]
dierentuin (de)	grădină (f) zoologică	[grə'dinə zoo'lodʒikə]
bioscoop (de)	cinematograf (n)	[ʧinemato'graf]
museum (het)	muzeu (n)	[mu'zeu]
bibliotheek (de)	bibliotecă (f)	[biblio'tekə]
theater (het)	teatru (n)	[te'atru]
opera (de)	operă (f)	['operə]
nachtclub (de)	club (n) de noapte	['klub de no'apte]
casino (het)	cazinou (n)	[kazi'nou]
moskee (de)	moschee (f)	[mos'kee]
synagoge (de)	sinagogă (f)	[sina'gogə]
kathedraal (de)	catedrală (f)	[kate'dralə]
tempel (de)	templu (n)	['templu]
kerk (de)	biserică (f)	[bi'serikə]
instituut (het)	institut (n)	[insti'tut]
universiteit (de)	universitate (f)	[universi'tate]
school (de)	şcoală (f)	[ʃko'alə]
gemeentehuis (het)	prefectură (f)	[prefek'turə]
stadhuis (het)	primărie (f)	[primə'rie]
hotel (het)	hotel (n)	[ho'tel]
bank (de)	bancă (f)	['bankə]
ambassade (de)	ambasadă (f)	[amba'sadə]
reisbureau (het)	agenţie (f) de turism	[adʒen'tsie de tu'rism]
informatieloket (het)	birou (n) de informaţii	[bi'rou de infor'matsij]
wisselkantoor (het)	schimb (n) valutar	[skimb valu'tar]
metro (de)	metrou (n)	[me'trou]
ziekenhuis (het)	spital (n)	[spi'tal]
benzinestation (het)	benzinărie (f)	[benzinə'rie]
parking (de)	parcare (f)	[par'kare]

55. Borden

gevelreclame (de)	firmă (f)	['firmə]
opschrift (het)	inscripţie (f)	[in'skriptsie]
poster (de)	afiş (n)	[a'fiʃ]
wegwijzer (de)	semn (n)	[semn]
pijl (de)	indicator (n)	[indika'tor]
waarschuwing (verwittiging)	avertisment (n)	[avertis'ment]
waarschuwingsbord (het)	avertisment (n)	[avertis'ment]
waarschuwen (ww)	a avertiza	[a averti'za]
vrije dag (de)	zi (f) de odihnă	[zi de o'dihnə]

| dienstregeling (de) | orar (n) | [o'rar] |
| openingsuren (mv.) | ore (f pl) de lucru | ['ore de 'lukru] |

WELKOM!	BINE AŢI VENIT!	['bine 'atsʲ ve'nit]
INGANG	INTRARE	[in'trare]
UITGANG	IEŞIRE	[je'ʃire]

DUWEN	ÎMPINGE	[im'pindʒe]
TREKKEN	TRAGE	['tradʒe]
OPEN	DESCHIS	[des'kis]
GESLOTEN	ÎNCHIS	[in'kis]

| DAMES | PENTRU FEMEI | ['pentru fe'mej] |
| HEREN | PENTRU BĂRBAŢI | ['pentru bər'batsʲ] |

KORTING	REDUCERI	[re'dutʃerʲ]
UITVERKOOP	LICHIDARE DE STOC	[liki'dare de stok]
NIEUW!	NOU	['nou]
GRATIS	GRATUIT	[gratu'it]

PAS OP!	ATENŢIE!	[a'tentsie]
VOLGEBOEKT	NU SUNT LOCURI	[nu 'sunt 'lokurʲ]
GERESERVEERD	REZERVAT	[rezer'vat]

| ADMINISTRATIE | ADMINISTRAŢIE | [adminis'tratsie] |
| ALLEEN VOOR PERSONEEL | NUMAI PENTRU ANGAJAŢI | ['numaj 'pentru anga'ʒatsʲ] |

GEVAARLIJKE HOND	CÂINE RĂU	['kine 'rəu]
VERBODEN TE ROKEN!	NU FUMAŢI!	[nu fu'matsʲ]
NIET AANRAKEN!	NU ATINGEŢI!	[nu a'tindʒetsʲ]

GEVAARLIJK	PERICULOS	[periku'los]
GEVAAR	PERICOL	[pe'rikol]
HOOGSPANNING	TENSIUNE ÎNALTĂ	[tensi'une iˈnaltə]
VERBODEN TE ZWEMMEN	SCĂLDATUL INTERZIS!	[skəl'datul inter'zis]
BUITEN GEBRUIK	NU FUNCŢIONEAZĂ	[nu funktsio'nʲazə]

ONTVLAMBAAR	INFLAMABIL	[infla'mabil]
VERBODEN	INTERZIS	[inter'zis]
DOORGANG VERBODEN	TRECEREA INTERZISĂ	['tretʃerʲa inter'zisə]
OPGELET PAS GEVERFD	PROASPĂT VOPSIT	[pro'aspət vop'sit]

56. Stedelijk vervoer

bus, autobus (de)	autobuz (n)	[auto'buz]
tram (de)	tramvai (n)	[tram'vaj]
trolleybus (de)	troleibuz (n)	[trolej'buz]
route (de)	rută (f)	['rutə]
nummer (busnummer, enz.)	număr (n)	['numər]

rijden met ...	a merge cu ...	[a 'merdʒe ku]
stappen (in de bus ~)	a se urca	[a se ur'ka]
afstappen (ww)	a coborî	[a kobo'rɨ]

halte (de)	stație (f)	['statsie]
volgende halte (de)	stația (f) următoare	['statsija urməto'are]
eindpunt (het)	ultima stație (f)	['ultima 'statsie]
dienstregeling (de)	orar (n)	[o'rar]
wachten (ww)	a aștepta	[a aʃtep'ta]
kaartje (het)	bilet (n)	[bi'let]
reiskosten (de)	costul (n) biletului	['kostul bi'letuluj]
kassier (de)	casier (m)	[ka'sjer]
kaartcontrole (de)	control (n)	[kon'trol]
controleur (de)	controlor (m)	[kontro'lor]
te laat zijn (ww)	a întârzia	[a intir'zija]
missen (de bus ~)	a pierde ...	[a 'pjerdə]
zich haasten (ww)	a se grăbi	[a se grə'bi]
taxi (de)	taxi (n)	[ta'ksi]
taxichauffeur (de)	taximetrist (m)	[taksime'trist]
met de taxi (bw)	cu taxiul	[ku ta'ksjul]
taxistandplaats (de)	stație (f) de taxiuri	['statsie de ta'ksjurʲ]
een taxi bestellen	a chema un taxi	[a ke'ma un ta'ksi]
een taxi nemen	a lua un taxi	[a lu'a un ta'ksi]
verkeer (het)	circulație (f) pe stradă	[tʃirku'latsie pe 'stradə]
file (de)	ambuteiaj (n)	[ambute'jaʒ]
spitsuur (het)	oră (f) de vârf	[orə de vɨrf]
parkeren (on.ww.)	a se parca	[a se par'ka]
parkeren (ov.ww.)	a parca	[a par'ka]
parking (de)	parcare (f)	[par'kare]
metro (de)	metrou (n)	[me'trou]
halte (bijv. kleine treinhalte)	stație (f)	['statsie]
de metro nemen	a merge cu metroul	[a 'merdʒe ku me'troul]
trein (de)	tren (n)	[tren]
station (treinstation)	gară (f)	['garə]

57. Bezienswaardigheden

monument (het)	monument (n)	[monu'ment]
vesting (de)	cetate (f)	[tʃe'tate]
paleis (het)	palat (n)	[pa'lat]
kasteel (het)	castel (n)	[kas'tel]
toren (de)	turn (n)	[turn]
mausoleum (het)	mausoleu (n)	[mawzo'leu]
architectuur (de)	arhitectură (f)	[arhitek'turə]
middeleeuws (bn)	medieval	[medie'val]
oud (bn)	vechi	[vekʲ]
nationaal (bn)	național	[natsio'nal]
bekend (bn)	cunoscut	[kunos'kut]
toerist (de)	turist (m)	[tu'rist]
gids (de)	ghid (m)	[gid]

rondleiding (de)	excursie (f)	[eks'kursie]
tonen (ww)	a arăta	[a arə'ta]
vertellen (ww)	a povesti	[a poves'ti]
vinden (ww)	a găsi	[a gə'si]
verdwalen (de weg kwijt zijn)	a se pierde	[a se 'pjerde]
plattegrond (~ van de metro)	schemă (f)	['skemə]
plattegrond (~ van de stad)	plan (m)	[plan]
souvenir (het)	suvenir (n)	[suve'nir]
souvenirwinkel (de)	magazin (n) de suveniruri	[maga'zin de suve'nirurʲ]
foto's maken	a fotografia	[a fotografi'ja]
zich laten fotograferen	a se fotografia	[a se fotografi'ja]

58. Winkelen

kopen (ww)	a cumpăra	[a kumpə'ra]
aankoop (de)	cumpărătură (f)	[kumpərə'turə]
winkelen (ww)	a face cumpărături	[a 'fatʃe kumpərə'turʲ]
winkelen (het)	shopping (n)	['ʃoping]
open zijn (ov. een winkel, enz.)	a fi deschis	[a fi des'kis]
gesloten zijn (ww)	a se închide	[a se ɨn'kide]
schoeisel (het)	încălțăminte (f)	[ɨnkəltsə'minte]
kleren (mv.)	haine (f pl)	['hajne]
cosmetica (mv.)	cosmetică (f)	[kos'metikə]
voedingswaren (mv.)	produse (n pl)	[pro'duse]
geschenk (het)	cadou (n)	[ka'dou]
verkoper (de)	vânzător (m)	[vɨnzə'tor]
verkoopster (de)	vânzătoare (f)	[vɨnzəto'are]
kassa (de)	casă (f)	['kasə]
spiegel (de)	oglindă (f)	[og'lində]
toonbank (de)	tejghea (f)	[teʒ'gʲa]
paskamer (de)	cabină (f) de probă	[ka'bine de 'probe]
aanpassen (ww)	a proba	[a pro'ba]
passen (ov. kleren)	a veni	[a ve'ni]
bevallen (prettig vinden)	a plăcea	[a plə'tʃa]
prijs (de)	preț (n)	[prets]
prijskaartje (het)	indicator (n) de prețuri	[indika'tor de 'pretsurʲ]
kosten (ww)	a costa	[a kos'ta]
Hoeveel?	Cât?	[kɨt]
korting (de)	reducere (f)	[re'dutʃere]
niet duur (bn)	ieftin	['jeftin]
goedkoop (bn)	ieftin	['jeftin]
duur (bn)	scump	[skump]
Dat is duur.	E scump	[e skump]
verhuur (de)	închiriere (f)	[ɨnkiri'ere]

huren (smoking, enz.)	a lua în chirie	[a lu'a in ki'rie]
krediet (het)	credit (n)	['kredit]
op krediet (bw)	în credit	[in 'kredit]

59. Geld

geld (het)	bani (m pl)	[banʲ]
ruil (de)	schimb (n)	[skimb]
koers (de)	curs (n)	[kurs]
geldautomaat (de)	bancomat (n)	[banko'mat]
muntstuk (de)	monedă (f)	[mo'nedə]

| dollar (de) | dolar (m) | [do'lar] |
| euro (de) | euro (m) | ['euro] |

lire (de)	liră (f)	['lirə]
Duitse mark (de)	marcă (f)	['markə]
frank (de)	franc (m)	[frank]
pond sterling (het)	liră (f) sterlină	['lirə ster'linə]
yen (de)	yen (f)	['jen]

schuld (geldbedrag)	datorie (f)	[dato'rie]
schuldenaar (de)	datornic (m)	[da'tornik]
uitlenen (ww)	a da cu împrumut	[a da ku impru'mut]
lenen (geld ~)	a lua cu împrumut	[a lu'a ku impru'mut]

bank (de)	bancă (f)	['bankə]
bankrekening (de)	cont (n)	[kont]
op rekening storten	a pune în cont	[a 'pune in 'kont]
opnemen (ww)	a scoate din cont	[a sko'ate din kont]

kredietkaart (de)	carte (f) de credit	['karte de 'kredit]
baar geld (het)	numerar (n)	[nume'rar]
cheque (de)	cec (n)	[tʃek]
een cheque uitschrijven	a scrie un cec	[a 'skrie un tʃek]
chequeboekje (het)	carte (f) de cecuri	['karte de 'tʃekurʲ]

portefeuille (de)	portvizit (n)	[portvi'zit]
geldbeugel (de)	portofel (n)	[porto'fel]
safe (de)	seif (n)	['sejf]

erfgenaam (de)	moştenitor (m)	[moʃteni'tor]
erfenis (de)	moştenire (f)	[moʃte'nire]
fortuin (het)	avere (f)	[a'vere]

huur (de)	arendă (f)	[a'rendə]
huurprijs (de)	chirie (f)	[ki'rie]
huren (huis, kamer)	a închiria	[a inkiri'ja]

prijs (de)	preţ (n)	[prets]
kostprijs (de)	valoare (f)	[valo'are]
som (de)	sumă (f)	['sumə]
uitgeven (geld besteden)	a cheltui	[a keltu'i]
kosten (mv.)	cheltuieli (f pl)	[keltu'elʲ]

| bezuinigen (ww) | a economisi | [a ekonomi'si] |
| zuinig (bn) | econom | [eko'nom] |

betalen (ww)	a plăti	[a plə'ti]
betaling (de)	plată (f)	['platə]
wisselgeld (het)	rest (n)	[rest]

belasting (de)	impozit (n)	[im'pozit]
boete (de)	amendă (f)	[a'mendə]
beboeten (bekeuren)	a amenda	[a amen'da]

60. Post. Postkantoor

postkantoor (het)	poştă (f)	['poʃtə]
post (de)	corespondenţă (f)	[korespon'dentsə]
postbode (de)	poştaş (m)	[poʃ'taʃ]
openingsuren (mv.)	ore (f pl) de lucru	['ore de 'lukru]

brief (de)	scrisoare (f)	[skriso'are]
aangetekende brief (de)	scrisoare (f) recomandată	[skriso'are rekoman'datə]
briefkaart (de)	carte (f) poştală	['karte poʃ'talə]
telegram (het)	telegramă (f)	[tele'gramə]
postpakket (het)	colet (n)	[ko'let]
overschrijving (de)	mandat (n) poştal	[man'dat poʃ'tal]

ontvangen (ww)	a primi	[a pri'mi]
sturen (zenden)	a expedia	[a ekspedi'ja]
verzending (de)	expediere (f)	[ekspe'djere]

adres (het)	adresă (f)	[a'dresə]
postcode (de)	cod (n) poştal	[kod poʃ'tal]
verzender (de)	expeditor (m)	[ekspedi'tor]
ontvanger (de)	destinatar (m)	[destina'tar]

| naam (de) | prenume (n) | [pre'nume] |
| achternaam (de) | nume (n) | ['nume] |

tarief (het)	tarif (n)	[ta'rif]
standaard (bn)	normal	[nor'mal]
zuinig (bn)	econom	[eko'nom]

gewicht (het)	greutate (f)	[greu'tate]
afwegen (op de weegschaal)	a cântări	[a kɨntə'ri]
envelop (de)	plic (n)	[plik]
postzegel (de)	timbru (n)	['timbru]
een postzegel plakken op	a lipi timbrul	[a li'pi 'timbrul]

Woning. Huis. Thuis

61. Huis. Elektriciteit

elektriciteit (de)	electricitate (f)	[elektritʃi'tate]
lamp (de)	bec (n)	[bek]
schakelaar (de)	întrerupător (n)	[intrerupə'tor]
zekering (de)	siguranță (f)	[sigu'rantsə]
draad (de)	cablu (n)	['kablu]
bedrading (de)	instalație (f) electrică	[insta'latsie e'lektrikə]
elektriciteitsmeter (de)	contor (n)	[kon'tor]
gegevens (mv.)	indicație (f)	[indi'katsie]

62. Villa. Herenhuis

landhuisje (het)	casă (f) în afara localității	['kasə in a'fara lokali'tətsij]
villa (de)	vilă (f)	['vilə]
vleugel (de)	aripă (f)	[a'ripə]
tuin (de)	grădină (f)	[grə'dinə]
park (het)	parc (n)	[park]
oranjerie (de)	seră (f)	['serə]
onderhouden (tuin, enz.)	a îngriji	[a ingri'ʒi]
zwembad (het)	bazin (n)	[ba'zin]
gym (het)	sală (f) de sport	['salə de sport]
tennisveld (het)	teren (n) de tenis	[te'ren de 'tenis]
bioscoopkamer (de)	cinematograf (n)	[tʃinemato'graf]
garage (de)	garaj (n)	[ga'raʒ]
privé-eigendom (het)	proprietate (f) privată	[proprie'tate pri'vatə]
eigen terrein (het)	proprietate (f) privată	[proprie'tate pri'vatə]
waarschuwing (de)	avertizare (f)	[averti'zare]
waarschuwingsbord (het)	avertisment (n)	[avertis'ment]
bewaking (de)	pază (f)	['pazə]
bewaker (de)	paznic (m)	['paznik]
inbraakalarm (het)	alarmă (f)	[a'larmə]

63. Appartement

appartement (het)	apartament (n)	[aparta'ment]
kamer (de)	cameră (f)	['kamerə]
slaapkamer (de)	dormitor (n)	[dormi'tor]

eetkamer (de)	sufragerie (f)	[sufraʤe'rie]
salon (de)	salon (n)	[sa'lon]
studeerkamer (de)	cabinet (n)	[kabi'net]
gang (de)	antreu (n)	[an'treu]
badkamer (de)	baie (f)	['bae]
toilet (het)	toaletă (f)	[toa'letə]
plafond (het)	pod (n)	[pod]
vloer (de)	podea (f)	[po'dʲa]
hoek (de)	colţ (n)	[kolts]

64. Meubels. Interieur

meubels (mv.)	mobilă (f)	['mobilə]
tafel (de)	masă (f)	['masə]
stoel (de)	scaun (n)	['ska‿un]
bed (het)	pat (n)	[pat]
bankstel (het)	divan (n)	[di'van]
fauteuil (de)	fotoliu (n)	[fo'tolju]
boekenkast (de)	dulap (n) de cărţi	[du'lap de kərts]
boekenrek (het)	raft (n)	[raft]
kledingkast (de)	dulap (n) de haine	[du'lap de 'hajne]
kapstok (de)	cuier (n) perete	[ku'jer pe'rete]
staande kapstok (de)	cuier (n) pom	[ku'jer pom]
commode (de)	comodă (f)	[ko'modə]
salontafeltje (het)	măsuţă (f)	[mə'sutsə]
spiegel (de)	oglindă (f)	[og'lində]
tapijt (het)	covor (n)	[ko'vor]
tapijtje (het)	carpetă (f)	[kar'petə]
haard (de)	şemineu (n)	[ʃemi'neu]
kaars (de)	lumânare (f)	[lumɨ'nare]
kandelaar (de)	sfeşnic (n)	['sfeʃnik]
gordijnen (mv.)	draperii (f pl)	[drape'rij]
behang (het)	tapet (n)	[ta'pet]
jaloezie (de)	jaluzele (f pl)	[ʒalu'zele]
bureaulamp (de)	lampă (f) de birou	['lampə de bi'rou]
wandlamp (de)	lampă (f)	['lampə]
staande lamp (de)	lampă (f) cu picior	['lampə ku pi'tʃior]
luchter (de)	lustră (f)	['lustrə]
poot (ov. een tafel, enz.)	picior (n)	[pi'tʃior]
armleuning (de)	braţ (n) la fotoliu	['brats la fo'tolju]
rugleuning (de)	spătar (n)	[spə'tar]
la (de)	sertar (n)	[ser'tar]

65. Beddengoed

beddengoed (het)	lenjerie (f)	[lenʒe'rie]
kussen (het)	pernă (f)	['pernə]
kussenovertrek (de)	față (f) de pernă	['fatsə de 'pernə]
deken (de)	plapumă (f)	['plapumə]
laken (het)	cearşaf (n)	[tʃar'ʃaf]
sprei (de)	pătură (f)	[pəturə]

66. Keuken

keuken (de)	bucătărie (f)	[bukətə'rie]
gas (het)	gaz (n)	[gaz]
gasfornuis (het)	aragaz (n)	[ara'gaz]
elektrisch fornuis (het)	plită (f) electrică	['plitə e'lektrikə]
oven (de)	cuptor (n)	[kup'tor]
magnetronoven (de)	cuptor (n) cu microunde	[kup'tor ku mikro'unde]
koelkast (de)	frigider (n)	[fridʒi'der]
diepvriezer (de)	congelator (n)	[kondʒela'tor]
vaatwasmachine (de)	maşină (f) de spălat vase	[ma'ʃinə de spə'lat 'vase]
vleesmolen (de)	maşină (f) de tocat carne	[ma'ʃinə de to'kat 'karne]
vruchtenpers (de)	storcător (n)	[storkə'tor]
toaster (de)	prăjitor (n) de pâine	[prəʒi'tor de 'pɨne]
mixer (de)	mixer (n)	['mikser]
koffiemachine (de)	fierbător (n) de cafea	[fierbə'tor de ka'fʲa]
koffiepot (de)	ibric (n)	[i'brik]
koffiemolen (de)	râşniță (f) de cafea	['rɨʃnitsə de ka'fʲa]
fluitketel (de)	ceainic (n)	['tʃajnik]
theepot (de)	ceainic (n)	['tʃajnik]
deksel (de/het)	capac (n)	[ka'pak]
theezeefje (het)	strecurătoare (f)	[strekurəto'are]
lepel (de)	lingură (f)	['lingurə]
theelepeltje (het)	linguriță (f) de ceai	[lingu'ritsə de tʃaj]
eetlepel (de)	lingură (f)	['lingurə]
vork (de)	furculiță (f)	[furku'litsə]
mes (het)	cuțit (n)	[ku'tsit]
vaatwerk (het)	vase (n pl)	['vase]
bord (het)	farfurie (f)	[farfu'rie]
schoteltje (het)	farfurioară (f)	[farfurio'arə]
likeurglas (het)	păhărel (n)	[pəhə'rel]
glas (het)	pahar (n)	[pa'har]
kopje (het)	ceaşcă (f)	['tʃaʃkə]
suikerpot (de)	zaharniță (f)	[za'harnitsə]
zoutvat (het)	solniță (f)	['solnitsə]
pepervat (het)	piperniță (f)	[pi'pernitsə]

boterschaaltje (het)	untieră (f)	[un'tjerə]
pan (de)	cratiţă (f)	['kratitsə]
bakpan (de)	tigaie (f)	[ti'gae]
pollepel (de)	polonic (n)	[polo'nik]
vergiet (de/het)	strecurătoare (f)	[strekurəto'are]
dienblad (het)	tavă (f)	['tavə]

fles (de)	sticlă (f)	['stiklə]
glazen pot (de)	borcan (n)	[bor'kan]
blik (conserven~)	cutie (f)	[ku'tie]

flesopener (de)	deschizător (n) de sticle	[deskize'tor de 'stikle]
blikopener (de)	deschizător (n) de conserve	[deskize'tor de kon'serve]
kurkentrekker (de)	tirbuşon (n)	[tirbu'ʃon]
filter (de/het)	filtru (n)	['filtru]
filteren (ww)	a filtra	[a fil'tra]

| huisvuil (het) | gunoi (n) | [gu'noj] |
| vuilnisemmer (de) | coş (n) de gunoi | [koʃ de gu'noj] |

67. Badkamer

badkamer (de)	baie (f)	['bae]
water (het)	apă (f)	['apə]
kraan (de)	robinet (n)	[robi'net]
warm water (het)	apă (f) fierbinte	['apə fjer'binte]
koud water (het)	apă (f) rece	['apə 'retʃe]

| tandpasta (de) | pastă (f) de dinţi | ['paste de dintsʲ] |
| tanden poetsen (ww) | a se spăla pe dinţi | [a se spe'la pe dintsʲ] |

zich scheren (ww)	a se bărbieri	[a se berbie'ri]
scheercrème (de)	spumă (f) de ras	['spume de 'ras]
scheermes (het)	brici (n)	['britʃi]

wassen (ww)	a spăla	[a spe'la]
een bad nemen	a se spăla	[a se spe'la]
douche (de)	duş (n)	[duʃ]
een douche nemen	a face duş	[a 'fatʃe duʃ]

bad (het)	cadă (f)	['kadə]
toiletpot (de)	closet (n)	[klo'set]
wastafel (de)	chiuvetă (f)	[kju'vetə]

| zeep (de) | săpun (n) | [sə'pun] |
| zeepbakje (het) | săpunieră (f) | [səpu'njerə] |

spons (de)	burete (n)	[bu'rete]
shampoo (de)	şampon (n)	[ʃam'pon]
handdoek (de)	prosop (n)	[pro'sop]
badjas (de)	halat (n)	[ha'lat]

| was (bijv. handwas) | spălat (n) | [spe'lat] |
| wasmachine (de) | maşină (f) de spălat | [ma'ʃine de spe'lat] |

| de was doen | a spăla haine | [a spə'la 'hajne] |
| waspoeder (de) | detergent (n) | [deter'dʒent] |

68. Huishoudelijke apparaten

televisie (de)	televizor (n)	[televi'zor]
cassettespeler (de)	casetofon (n)	[kaseto'fon]
videorecorder (de)	videomagnetofon (n)	[videomagneto'fon]
radio (de)	aparat (n) de radio	[apa'rat de 'radio]
speler (de)	CD player (n)	[si'di 'pleer]

videoprojector (de)	proiector (n) video	[proek'tor 'video]
home theater systeem (het)	sistem (n) home cinema	[sis'tem 'houm 'sinema]
DVD-speler (de)	DVD-player (n)	[divi'di 'pleer]
versterker (de)	amplificator (n)	[amplifi'kator]
spelconsole (de)	consolă (f) de jocuri	[kon'sole de 'ʒokurʲ]

videocamera (de)	cameră (f) video	['kamere 'video]
fotocamera (de)	aparat (n) foto	[apa'rat 'foto]
digitale camera (de)	aparat (n) foto digital	[apa'rat 'foto didʒi'tal]

stofzuiger (de)	aspirator (n)	[aspira'tor]
strijkijzer (het)	fier (n) de călcat	[fier de kəl'kat]
strijkplank (de)	masă (f) de călcat	['mase de kəl'kat]

telefoon (de)	telefon (n)	[tele'fon]
mobieltje (het)	telefon (n) mobil	[tele'fon mo'bil]
schrijfmachine (de)	maşină (f) de scris	[ma'ʃine de skris]
naaimachine (de)	maşină (f) de cusut	[ma'ʃine de ku'sut]

microfoon (de)	microfon (n)	[mikro'fon]
koptelefoon (de)	căşti (f pl)	[kəʃtʲ]
afstandsbediening (de)	telecomandă (f)	[teleko'mande]

CD (de)	CD (n)	[si'di]
cassette (de)	casetă (f)	[ka'sete]
vinylplaat (de)	placă (f)	['plake]

MENSELIJKE ACTIVITEITEN

Baan. Business. Deel 1

69. Kantoor. Op kantoor werken

kantoor (het)	oficiu (n)	[o'fitʃiu]
kamer (de)	cabinet (n)	[kabi'net]
receptie (de)	recepție (f)	[re'tʃeptsie]
secretaris (de)	secretar (m)	[sekre'tar]
directeur (de)	director (m)	[di'rektor]
manager (de)	manager (m)	['menedʒə]
boekhouder (de)	contabil (f)	[kon'tabil]
werknemer (de)	colaborator (m)	[kolabora'tor]
meubilair (het)	mobilă (f)	['mobilə]
tafel (de)	masă (f)	['masə]
bureaustoel (de)	fotoliu (n)	[fo'tolju]
ladeblok (het)	noptieră (f)	[nop'tjerə]
kapstok (de)	cuier (n) pom	[ku'jer pom]
computer (de)	calculator (n)	[kalkula'tor]
printer (de)	imprimantă (f)	[impri'mantə]
fax (de)	fax (n)	[faks]
kopieerapparaat (het)	copiator (n)	[kopia'tor]
papier (het)	hârtie (f)	[hir'tie]
kantoorartikelen (mv.)	rechizite (n pl) de birou	[reki'zite de bi'rou]
muismat (de)	pad (n)	[pad], [pəd]
blad (het)	foaie (f)	[fo'ae]
ordner (de)	mapă (f)	['mapə]
catalogus (de)	catalog (n)	[kata'log]
telefoongids (de)	îndrumar (n)	[indru'mar]
documentatie (de)	documentație (f)	[dokumen'tatsie]
brochure (de)	broșură (f)	[bro'ʃurə]
flyer (de)	foaie (f)	[fo'ae]
monster (het), staal (de)	model (n)	[mo'del]
training (de)	trening (n)	['trening]
vergadering (de)	ședință (f)	[ʃe'dintsə]
lunchpauze (de)	pauză (f) de prânz	['pauze de 'prinz]
een kopie maken	a face copie	[a 'fatʃe 'kopie]
de kopieën maken	a multiplica	[a multipli'ka]
een fax ontvangen	a primi fax	[a pri'mi 'faks]
een fax versturen	a trimite fax	[a tri'mite 'faks]
opbellen (ww)	a suna	[a su'na]

| antwoorden (ww) | a răspunde | [a rəs'punde] |
| doorverbinden (ww) | a face legătura | [a 'fatʃe legə'tura] |

afspreken (ww)	a stabili	[a stabi'li]
demonstreren (ww)	a demonstra	[a demonst'ra]
absent zijn (ww)	a lipsi	[a lip'si]
afwezigheid (de)	lipsă (f)	['lipsə]

70. Bedrijfsprocessen. Deel 1

zaak (de), beroep (het)	ocupație (f)	[oku'patsie]
firma (de)	firmă (f)	['firmə]
bedrijf (maatschap)	companie (f)	[kompa'nie]
corporatie (de)	corporație (f)	[korpo'ratsie]
onderneming (de)	întreprindere (f)	[intre'prindere]
agentschap (het)	agenție (f)	[adʒen'tsie]

overeenkomst (de)	acord (n)	[a'kord]
contract (het)	contract (n)	[kon'trakt]
transactie (de)	afacere (f)	[a'fatʃere]
bestelling (de)	comandă (f)	[ko'mandə]
voorwaarde (de)	condiție (f)	[kon'ditsie]

in het groot (bw)	en-gros	[an'gro]
groothandels- (abn)	en-gros	[an'gro]
groothandel (de)	vânzare (f) en-gros	[vin'zare an'gro]
kleinhandels- (abn)	cu bucata	[ku bu'kata]
kleinhandel (de)	vânzare (f) cu bucata	[vin'zare ku bu'kata]

concurrent (de)	concurent (m)	[konku'rent]
concurrentie (de)	concurență (f)	[konku'rentsə]
concurreren (ww)	a concura	[a konku'ra]

| partner (de) | partener (m) | [parte'ner] |
| partnerschap (het) | parteneriat (n) | [parteneri'at] |

crisis (de)	criză (f)	['krizə]
bankroet (het)	faliment (n)	[fali'ment]
bankroet gaan (ww)	a da faliment	[a da fali'ment]
moeilijkheid (de)	dificultate (f)	[difikul'tate]
probleem (het)	problemă (f)	[pro'blemə]
catastrofe (de)	catastrofă (f)	[katas'trofə]

economie (de)	economie (f)	[ekono'mie]
economisch (bn)	economic	[eko'nomik]
economische recessie (de)	scădere (f) economică	[skə'dere eko'nomikə]

| doel (het) | scop (n) | [skop] |
| taak (de) | obiectiv (n) | [objek'tiv] |

handelen (handel drijven)	a face comerț	[a 'fatʃe ko'merts]
netwerk (het)	rețea (f)	[re'tsʲa]
voorraad (de)	depozit (n)	[de'pozit]
assortiment (het)	sortiment (n)	[sorti'ment]

leider (de)	lider (m)	['lider]
groot (bn)	mare	['mare]
monopolie (het)	monopol (n)	[mono'pol]

theorie (de)	teorie (f)	[teo'rie]
praktijk (de)	practică (f)	['praktikə]
ervaring (de)	experienţă (f)	[ekspe'rjentsə]
tendentie (de)	tendinţă (f)	[ten'dintsə]
ontwikkeling (de)	dezvoltare (f)	[dezvol'tare]

71. Bedrijfsprocessen. Deel 2

| voordeel (het) | profit (n) | [pro'fit] |
| voordelig (bn) | profitabil | [profi'tabil] |

delegatie (de)	delegaţie (f)	[dele'gatsie]
salaris (het)	salariu (n)	[sa'larju]
corrigeren (fouten ~)	a corecta	[a korek'ta]
zakenreis (de)	deplasare (f)	[depla'sare]
commissie (de)	comisie (f)	[ko'misie]

controleren (ww)	a controla	[a kontro'la]
conferentie (de)	conferinţă (f)	[konfe'rintsə]
licentie (de)	licenţă (f)	[li'tʃentsə]
betrouwbaar (partner, enz.)	de încredere	[de in'kredere]

aanzet (de)	început (n)	[intʃe'put]
norm (bijv. ~ stellen)	normă (f)	['normə]
omstandigheid (de)	circumstanţă (f)	[tʃirkum'stantsə]
taak, plicht (de)	obligaţie (f)	[obli'gatsie]

organisatie (bedrijf, zaak)	organizaţie (f)	[organi'zatsie]
organisatie (proces)	organizare (f)	[organi'zare]
georganiseerd (bn)	organizat	[organi'zat]
afzegging (de)	contramandare (f)	[kontraman'dare]
afzeggen (ww)	a anula	[a anu'la]
verslag (het)	raport (n)	[ra'port]

patent (het)	brevet (f)	[bre'vet]
patenteren (ww)	a breveta	[a breve'ta]
plannen (ww)	a planifica	[a planifi'ka]

premie (de)	primă (f)	['primə]
professioneel (bn)	profesional	[profesio'nal]
procedure (de)	procedură (f)	[protʃe'durə]

onderzoeken (contract, enz.)	a examina	[a ekzami'na]
berekening (de)	calcul (n)	['kalkul]
reputatie (de)	reputaţie (f)	[repu'tatsie]
risico (het)	risc (n)	[risk]

beheren (managen)	a conduce	[a kon'dutʃe]
informatie (de)	informaţii (f pl)	[infor'matsij]
eigendom (bezit)	proprietate (f)	[proprie'tate]

unie (de)	alianță (f)	[ali'antsə]
levensverzekering (de)	asigurare (f) de viață	[asigu'rare de 'vjatsə]
verzekeren (ww)	a asigura	[a asigu'ra]
verzekering (de)	asigurare (f)	[asigu'rare]
veiling (de)	licitație (f)	[litʃi'tatsie]
verwittigen (ww)	a înștiința	[a înʃtiin'tsa]
beheer (het)	conducere (f)	[kon'dutʃere]
dienst (de)	serviciu (n)	[ser'vitʃiu]
forum (het)	for (n)	[for]
functioneren (ww)	a funcționa	[a funktsio'na]
stap, etappe (de)	etapă (f)	[e'tapə]
juridisch (bn)	juridic	[ʒu'ridik]
jurist (de)	jurist (m)	[ʒu'rist]

72. Productie. Werken

industriële installatie (fabriek)	uzină (f)	[u'zinə]
fabriek (de)	fabrică (f)	['fabrikə]
werkplaatsruimte (de)	atelier (n)	[ate'ljer]
productielocatie (de)	fabricație (f)	[fabri'katsie]
industrie (de)	industrie (f)	[in'dustrie]
industrieel (bn)	industrial	[industri'al]
zware industrie (de)	industrie (f) grea	[in'dustrie gr'a]
lichte industrie (de)	industrie (f) ușoară	[in'dustrie uʃo'are]
productie (de)	producție (f)	[pro'duktsie]
produceren (ww)	a produce	[a pro'dutʃe]
grondstof (de)	materie (f) primă	[ma'terie 'primə]
voorman, ploegbaas (de)	șef (m) de brigadă	[ʃef de bri'gadə]
ploeg (de)	brigadă (f)	[bri'gadə]
arbeider (de)	muncitor (m)	[muntʃi'tor]
werkdag (de)	zi (f) lucrătoare	['zi lukrəto'are]
pauze (de)	pauză (f)	['pauzə]
samenkomst (de)	adunare (f)	[adu'nare]
bespreken (spreken over)	a discuta	[a disku'ta]
plan (het)	plan (n)	[plan]
het plan uitvoeren	a îndeplini planul	[a îndepli'ni 'planul]
productienorm (de)	normă (f)	['normə]
kwaliteit (de)	calitate (f)	[kali'tate]
controle (de)	control (n)	[kon'trol]
kwaliteitscontrole (de)	controlul (n) calității	[kon'trolul kali'tətsij]
arbeidsveiligheid (de)	protecția (f) muncii	[pro'tektsija 'muntʃij]
discipline (de)	disciplină (f)	[distʃi'plinə]
overtreding (de)	încălcare (f)	[înkəl'kare]
overtreden (ww)	a încălca	[a înkəl'ka]
staking (de)	grevă (f)	['grevə]
staker (de)	grevist (m)	[gre'vist]

| staken (ww) | a face grevă | [a 'fatʃe 'grevə] |
| vakbond (de) | sindicat (n) | [sindi'kat] |

uitvinden (machine, enz.)	a inventa	[a inven'ta]
uitvinding (de)	invenţie (f)	[in'ventsie]
onderzoek (het)	cercetare (f)	[tʃertʃe'tare]
verbeteren (beter maken)	a îmbunătăţi	[a imbunetə'tsi]
technologie (de)	tehnologie (f)	[tehnolo'dʒie]
technische tekening (de)	plan (n)	[plan]

vracht (de)	încărcătură (f)	[inkərkə'turə]
lader (de)	hamal (m)	[ha'mal]
laden (vrachtwagen)	a încărca	[a inkər'ka]
laden (het)	încărcătură (f)	[inkərkə'turə]
lossen (ww)	a descărca	[a deskər'ka]
lossen (het)	descărcare (f)	[deskər'kare]

transport (het)	transport (n)	[trans'port]
transportbedrijf (de)	companie (f) de transport	[kompa'nie de trans'port]
transporteren (ww)	a transporta	[a transpor'ta]

goederenwagon (de)	vagon (n) marfar	[va'gon mar'far]
tank (bijv. ketelwagen)	cisternă (f)	[tʃis'ternə]
vrachtwagen (de)	autocamion (n)	[autoka'mjon]

| machine (de) | maşină-unealtă (f) | [ma'ʃine u'nʲaltə] |
| mechanisme (het) | mecanism (n) | [meka'nizm] |

industrieel afval (het)	deşeuri (n pl)	[de'ʃəurʲ]
verpakking (de)	ambalare (f)	[amba'lare]
verpakken (ww)	a ambala	[a amba'la]

73. Contract. Overeenstemming

contract (het)	contract (n)	[kon'trakt]
overeenkomst (de)	contract (f)	[kon'trakt]
bijlage (de)	anexă (f)	[a'neksə]

een contract sluiten	a încheia un contract	[a inke'ja un kon'trakt]
handtekening (de)	semnătură (f)	[semnə'turə]
ondertekenen (ww)	a semna	[a sem'na]
stempel (de)	ştampilă (f)	[ʃtam'pilə]

voorwerp (het) van de overeenkomst	obiectul (n) contractului	[o'bjektul kon'traktuluj]
clausule (de)	paragraf (n)	[para'graf]
partijen (mv.)	părţi (f pl)	[pərtsʲ]
vestigingsadres (het)	adresă (f) juridică	[a'dresə ʒu'ridike]

het contract verbreken (overtreden)	a încălca contractul	[a inkəl'ka kon'traktul]
verplichting (de)	obligaţie (f)	[obli'gatsie]
verantwoordelijkheid (de)	răspundere (f)	[rəs'pundere]
overmacht (de)	forţe (f pl) majore	['fortse ma'ʒore]

| geschil (het) | dispută (f) | [dis'putə] |
| sancties (mv.) | sancțiuni (f pl) | [sanktsi'unʲ] |

74. Import & Export

import (de)	import (n)	[im'port]
importeur (de)	importator (m)	[importa'tor]
importeren (ww)	a importa	[a impor'ta]
import- (abn)	din import	[din im'port]

| exporteur (de) | exportator (m) | [eksporta'tor] |
| exporteren (ww) | a exporta | [a ekspor'ta] |

| goederen (mv.) | marfă (f) | ['marfə] |
| partij (de) | lot (n) | [lot] |

gewicht (het)	greutate (f)	[greu'tate]
volume (het)	volum (n)	[vo'lum]
kubieke meter (de)	metru (m) cub	['metru 'kub]

producent (de)	producător (m)	[produkə'tor]
transportbedrijf (de)	companie (f) de transport	[kompa'nie de trans'port]
container (de)	container (m)	[kon'tajner]

grens (de)	graniță (f)	['granitsə]
douane (de)	vamă (f)	['vamə]
douanerecht (het)	taxă (f) vamală	['taksə va'malə]
douanier (de)	vameș (m)	['vameʃ]
smokkelen (het)	contrabandă (f)	[kontra'bandə]
smokkelwaar (de)	contrabandă (f)	[kontra'bandə]

75. Financiën

aandeel (het)	acțiune (f)	[aktsi'une]
obligatie (de)	obligație (f)	[obli'gatsie]
wissel (de)	poliță (f)	['politsə]

| beurs (de) | bursă (f) | ['bursə] |
| aandelenkoers (de) | cursul (n) acțiunii | ['kursul aktsi'unij] |

| dalen (ww) | a se ieftini | [a se efti'ni] |
| stijgen (ww) | a se scumpi | [a se skum'pi] |

meerderheidsbelang (het)	pachet (n) de control	[pa'ket de kon'trol]
investeringen (mv.)	investiții (f pl)	[inves'titsij]
investeren (ww)	a investi	[a inves'ti]
procent (het)	procent (n)	[pro'tʃent]
rente (de)	dobândă (f)	[do'bɨndə]

winst (de)	profit (n)	[pro'fit]
winstgevend (bn)	profitabil	[profi'tabil]
belasting (de)	impozit (n)	[im'pozit]

valuta (vreemde ~)	valută (f)	[va'lutə]
nationaal (bn)	național	[natsio'nal]
ruil (de)	schimb (n)	[skimb]

| boekhouder (de) | contabil (m) | [kon'tabil] |
| boekhouding (de) | contabilitate (f) | [kontabili'tate] |

bankroet (het)	faliment (n)	[fali'ment]
ondergang (de)	faliment (n)	[fali'ment]
faillissement (het)	faliment (n)	[fali'ment]
geruïneerd zijn (ww)	a falimenta	[a falimen'ta]
inflatie (de)	inflație (f)	[in'flatsie]
devaluatie (de)	devalorizare (f)	[devalori'zare]

kapitaal (het)	capital (n)	[kapi'tal]
inkomen (het)	venit (n)	[ve'nit]
omzet (de)	rotație (f)	[ro'tatsie]
middelen (mv.)	resurse (f pl)	[re'surse]
financiële middelen (mv.)	mijloace (n pl) bănești	[miʒlo'atʃe bə'neʃtʲ]
reduceren (kosten ~)	a reduce	[a re'dutʃe]

76. Marketing

marketing (de)	marketing (n)	['marketing]
markt (de)	piață (f)	['pjatsə]
marktsegment (het)	segment (n) de piață	[seg'ment de 'pjatsə]
product (het)	produs (n)	[pro'dus]
goederen (mv.)	marfă (f)	['marfə]

handelsmerk (het)	marcă (f) comercială	['markə komertʃi'ale]
beeldmerk (het)	logotip (n)	[logo'tip]
logo (het)	logo (m)	['logo]

vraag (de)	cerere (f)	['tʃerere]
aanbod (het)	ofertă (f)	[o'fertə]
behoefte (de)	necesitate (f)	[netʃesi'tate]
consument (de)	consumator (m)	[konsu'mator]

analyse (de)	analiză (f)	[ana'lizə]
analyseren (ww)	a analiza	[a anali'za]
positionering (de)	poziționare (f)	[pozitsio'nare]
positioneren (ww)	a poziționa	[a pozitsio'na]

prijs (de)	preț (n)	[prets]
prijspolitiek (de)	politica (f) prețurilor	[po'litika 'pretsurilor]
prijsvorming (de)	stabilirea (f) prețurilor	[stabi'lirʲa 'pretsurilor]

77. Reclame

reclame (de)	reclamă (f)	[re'klamə]
adverteren (ww)	a face reclamă	[a 'fatʃe re'klamə]
budget (het)	buget (n)	[bu'dʒet]

advertentie, reclame (de) | reclamă (f) | [re'klamə]
TV-reclame (de) | publicitate (f) TV | [publitʃi'tate te've]
radioreclame (de) | publicitate (f) radio | [publitʃi'tate 'radio]
buitenreclame (de) | reclamă (f) exterioară | [re'klamə eksterio'arə]

massamedia (de) | mass-media (f) | ['mas 'media]
periodiek (de) | ediție (f) periodică | [e'ditsie peri'odikə]
imago (het) | imagine (f) | [i'madʒine]

slagzin (de) | lozincă (f) | [lo'zinkə]
motto (het) | deviză (f) | [de'vizə]

campagne (de) | campanie (f) | [kam'panie]
reclamecampagne (de) | campanie (f) publicitară | [kam'panie publitʃi'tarə]
doelpubliek (het) | grup (n) țintă | [grup 'tsintə]

visitekaartje (het) | carte (f) de vizită | ['karte de 'vizitə]
flyer (de) | foaie (f) | [fo'ae]
brochure (de) | broșură (f) | [bro'ʃurə]
folder (de) | pliant (n) | [pli'ant]
nieuwsbrief (de) | buletin (n) | [bule'tin]

gevelreclame (de) | firmă (f) | ['firmə]
poster (de) | afiș (n) | [a'fiʃ]
aanplakbord (het) | panou (n) | [pa'nou]

78. Bankieren

bank (de) | bancă (f) | ['bankə]
bankfiliaal (het) | sucursală (f) | [sukur'salə]

bankbediende (de) | consultant (m) | [konsul'tant]
manager (de) | director (m) | [di'rektor]

bankrekening (de) | cont (n) | [kont]
rekeningnummer (het) | numărul (n) contului | ['numərul 'kontuluj]
lopende rekening (de) | cont (n) curent | [kont ku'rent]
spaarrekening (de) | cont (n) de acumulare | [kont de akumu'lare]

een rekening openen | a deschide un cont | [a des'kide un kont]
de rekening sluiten | a închide contul | [a i'nkide 'kontul]
op rekening storten | a pune în cont | [a 'pune în 'kont]
opnemen (ww) | a extrage din cont | [a eks'tradʒe din kont]

storting (de) | depozit (n) | [de'pozit]
een storting maken | a depune | [a de'pune]
overschrijving (de) | transfer (n) | [trans'fer]
een overschrijving maken | a transfera | [a transfe'ra]

som (de) | sumă (f) | ['sumə]
Hoeveel? | Cât? | [kit]

handtekening (de) | semnătură (f) | [semnə'turə]
ondertekenen (ww) | a semna | [a sem'na]

kredietkaart (de)	carte (f) de credit	['karte de 'kredit]
code (de)	cod (n)	[kod]
kredietkaartnummer (het)	numărul (n) cărţii de credit	['numərul kərtsij de 'kredit]
geldautomaat (de)	bancomat (n)	[banko'mat]

cheque (de)	cec (n)	[tʃek]
een cheque uitschrijven	a scrie un cec	[a 'skrie un tʃek]
chequeboekje (het)	carte (f) de cecuri	['karte de 'tʃekurʲ]

lening, krediet (de)	credit (n)	['kredit]
een lening aanvragen	a solicita un credit	[a solitʃi'ta pe 'kredit]
een lening nemen	a lua pe credit	[a lu'a pe 'kredit]
een lening verlenen	a acorda credit	[a akor'da 'kredit]
garantie (de)	garanţie (f)	[garan'tsie]

79. Telefoon. Telefoongesprek

telefoon (de)	telefon (n)	[tele'fon]
mobieltje (het)	telefon (n) mobil	[tele'fon mo'bil]
antwoordapparaat (het)	răspuns (n) automat	[res'puns auto'mat]

| bellen (ww) | a suna, a telefona | [a su'na], [a tele'fona] |
| belletje (telefoontje) | apel (n), convorbire (f) | [a'pel], [konvor'bire] |

een nummer draaien	a forma un număr	[a for'ma un 'numər]
Hallo!	Alo!	[a'lo]
vragen (ww)	a întreba	[a intre'ba]
antwoorden (ww)	a răspunde	[a res'punde]

horen (ww)	a auzi	[a au'zi]
goed (bw)	bine	['bine]
slecht (bw)	rău	['rəu]
storingen (mv.)	bruiaj (n)	[bru'jaʒ]

hoorn (de)	receptor (n)	[retʃep'tor]
opnemen (ww)	a lua receptorul	[a lu'a retʃep'torul]
ophangen (ww)	a pune receptorul	[a 'pune retʃep'torul]

bezet (bn)	ocupat	[oku'pat]
overgaan (ww)	a suna	[a su'na]
telefoonboek (het)	carte (f) de telefon	['karte de tele'fon]

lokaal (bn)	local	[lo'kal]
interlokaal (bn)	interurban	[interur'ban]
buitenlands (bn)	internaţional	[internatsio'nal]

80. Mobiele telefoon

mobieltje (het)	telefon (n) mobil	[tele'fon mo'bil]
scherm (het)	ecran (n)	[e'kran]
toets, knop (de)	buton (n)	[bu'ton]
simkaart (de)	cartelă (f) SIM	[kar'telə 'sim]

batterij (de)	baterie (f)	[bate'rie]
leeg zijn (ww)	a se descărca	[a se deskər'ka]
acculader (de)	încărcător (m)	[ɨnkərkə'tor]

menu (het)	meniu (n)	[me'nju]
instellingen (mv.)	setări (f)	[se'tərʲ]
melodie (beltoon)	melodie (f)	[melo'die]
selecteren (ww)	a selecta	[a selek'ta]

rekenmachine (de)	calculator (n)	[kalkula'tor]
voicemail (de)	răspuns (n) automat	[rəs'puns auto'mat]
wekker (de)	ceas (n) deșteptător	[tʃas deʃteptə'tor]
contacten (mv.)	carte (f) de telefoane	['karte de telefo'ane]

SMS-bericht (het)	SMS (n)	[ese'mes]
abonnee (de)	abonat (m)	[abo'nat]

81. Schrijfbehoeften

balpen (de)	stilou (n)	[sti'lou]
vulpen (de)	condei (n)	[kon'dej]

potlood (het)	creion (n)	[kre'jon]
marker (de)	marcher (n)	['marker]
viltstift (de)	carioca (f)	[kari'okə]

notitieboekje (het)	carnețel (n)	[karne'tsel]
agenda (boekje)	agendă (f)	[a'dʒendə]

liniaal (de/het)	riglă (f)	['riglə]
rekenmachine (de)	calculator (f)	[kalkula'tor]
gom (de)	radieră (f)	[radi'erə]
punaise (de)	piuneză (f)	[pju'nezə]
paperclip (de)	clamă (f)	['klamə]

lijm (de)	lipici (n)	[li'pitʃi]
nietmachine (de)	capsator (n)	[kapsa'tor]
perforator (de)	perforator (n)	[perfo'rator]
potloodslijper (de)	ascuțitoare (f)	[askutsito'are]

82. Soorten bedrijven

boekhouddiensten (mv.)	servicii (n pl) de contabilitate	[ser'vitʃij de kontabili'tate]
reclame (de)	reclamă (f)	[re'klamə]
reclamebureau (het)	agenție (f) de reclamă	[adʒen'tsie de re'klamə]
airconditioning (de)	ventilator (n)	[ventila'tor]
luchtvaartmaatschappij (de)	companie (f) aeriană	[kompa'nie aeri'anə]

alcoholische dranken (mv.)	băuturi (f pl) alcoolice	[bəu'turʲ alko'olitʃe]
antiek (het)	anticariat (n)	[antikari'at]
kunstgalerie (de)	galerie (f)	[gale'rie]
audit diensten (mv.)	servicii (n pl) de audit	[ser'vitʃij de au'dit]

banken (mv.)	afacere (f) bancară	[a'fatʃere ba'nkarə]
bar (de)	bar (n)	[bar]
schoonheidssalon (de/het)	salon (n) de frumusețe	[sa'lon de frumu'setse]
boekhandel (de)	librărie (f)	[librə'rie]
bierbrouwerij (de)	fabricarea (f) berii	[fabri'karʲa 'berij]
zakencentrum (het)	centru (n) de afaceri	['tʃentru de a'fatʃerʲ]
business school (de)	școală (f) de afaceri	[ʃko'alə de a'fatʃerʲ]

casino (het)	cazinou (n)	[kazi'nou]
bouwbedrijven (mv.)	construcție (f)	[kon'struktsie]
adviesbureau (het)	consulting (n)	[kon'salting]

tandheelkunde (de)	stomatologie (f)	[stomatolo'dʒie]
design (het)	design (n)	[di'zajn]
apotheek (de)	farmacie (f)	[farma'tʃie]
stomerij (de)	curățătorie (f) chimică	[kurətsəto'rie 'kimikə]
uitzendbureau (het)	agenție (f) de cadre	[adʒen'tsie de 'kadre]

financiële diensten (mv.)	servicii (n pl) financiare	[ser'vitʃij finantʃi'are]
voedingswaren (mv.)	produse (n pl) alimentare	[pro'duse alimen'tare]
uitvaartcentrum (het)	pompe (f pl) funebre	['pompe fu'nebre]
meubilair (het)	mobilă (f)	['mobilə]
kleding (de)	haine (f pl)	['hajne]
hotel (het)	hotel (n)	[ho'tel]

ijsje (het)	înghețată (f)	[ɨnge'tsatə]
industrie (de)	industrie (f)	[in'dustrie]
verzekering (de)	asigurare (f) medicală	[asigu'rare medi'kalə]
Internet (het)	internet (n)	[inter'net]
investeringen (mv.)	investiții (f pl)	[inves'titsij]

juwelier (de)	bijutier (m)	[biʒu'tjer]
juwelen (mv.)	bijuterii (f pl)	[biʒute'rij]
wasserette (de)	spălătorie (f)	[spələto'rie]
juridische diensten (mv.)	servicii (n pl) juridice	[ser'vitʃij ʒu'riditʃe]
lichte industrie (de)	industrie (f) ușoară	[in'dustrie uʃo'are]

tijdschrift (het)	revistă (f)	[re'vistə]
postorderbedrijven (mv.)	vânzare (f) după catalog	[vɨn'zare 'dupə kata'log]
medicijnen (mv.)	medicină (f)	[medi'tʃinə]
bioscoop (de)	cinematograf (n)	[tʃinemato'graf]
museum (het)	muzeu (n)	[mu'zeu]

persbureau (het)	birou (n) de informații	[bi'rou de infor'matsij]
krant (de)	ziar (n)	[zjar]
nachtclub (de)	club (n) de noapte	['klub de no'apte]

olie (aardolie)	petrol (n)	[pe'trol]
koerierdienst (de)	curierat (n)	[kurie'rat]
farmacie (de)	farmaceutică (f)	[farmatʃe'utikə]
drukkerij (de)	poligrafie (f)	[poligra'fie]
uitgeverij (de)	editură (f)	[edi'turə]

radio (de)	radio (n)	['radio]
vastgoed (het)	bunuri (n pl) imobiliare	['bunurʲ imobili'are]
restaurant (het)	restaurant (n)	[restau'rant]

bewakingsfirma (de)	agenție (f) de pază	[adʒen'tsie de 'pazə]
sport (de)	sport (n)	[sport]
handelsbeurs (de)	bursă (f)	['bursə]
winkel (de)	magazin (n)	[maga'zin]
supermarkt (de)	supermarket (n)	[super'market]
zwembad (het)	bazin (n)	[ba'zin]
naaiatelier (het)	atelier (n)	[ate'ljer]
televisie (de)	televiziune (f)	[televizi'une]
theater (het)	teatru (n)	[te'atru]
handel (de)	comerț (n)	[ko'merts]
transport (het)	transporturi (n)	[trans'porturi]
toerisme (het)	turism (n)	[tu'rism]
dierenarts (de)	veterinar (m)	[veteri'nar]
magazijn (het)	depozit (n)	[de'pozit]
afvalinzameling (de)	transportarea (f) deșeurilor	[transpor'tarʲa de'ʃəurilor]

Baan. Business. Deel 2

83. Show. Tentoonstelling

beurs (de)	expoziție (f)	[ekspo'zitsie]
vakbeurs, handelsbeurs (de)	expoziție (f) de comerț	[ekspo'zitsie de ko'merts]
deelneming (de)	participare (f)	[partitʃi'pare]
deelnemen (ww)	a participa	[a partitʃi'pa]
deelnemer (de)	participant (m)	[partitʃi'pant]
directeur (de)	director (m)	[di'rektor]
organisatiecomité (het)	direcție (f)	[di'rektsie]
organisator (de)	organizator (m)	[organiza'tor]
organiseren (ww)	a organiza	[a organi'za]
deelnemingsaanvraag (de)	cerere (f) de participare	['tʃerere de partitʃi'pare]
invullen (een formulier ~)	a completa	[a komple'ta]
details (mv.)	detalii (n pl)	[de'talij]
informatie (de)	informație (f)	[infor'matsie]
prijs (de)	preț (n)	[prets]
inclusief (bijv. ~ BTW)	inclusiv	[inklu'siv]
inbegrepen (alles ~)	a include	[a in'klude]
betalen (ww)	a plăti	[a ple'ti]
registratietarief (het)	tarif (n) de înregistrare	[tarif de inredʒis'trare]
ingang (de)	intrare (f)	[in'trare]
paviljoen (het), hal (de)	pavilion (n)	[pavili'on]
registreren (ww)	a înscrie	[a in'skrie]
badge, kaart (de)	ecuson (n)	[eku'son]
beursstand (de)	stand (n)	[stand]
reserveren (een stand ~)	a rezerva	[a rezer'va]
vitrine (de)	vitrină (f)	[vi'trine]
licht (het)	corp (n) de iluminat	['korp de ilumi'nat]
design (het)	design (n)	[di'zajn]
plaatsen (ww)	a instala	[a insta'la]
distributeur (de)	distribuitor (m)	[distribui'tor]
leverancier (de)	furnizor (m)	[furni'zor]
land (het)	țară (f)	['tsare]
buitenlands (bn)	străin	[stre'in]
product (het)	produs (n)	[pro'dus]
associatie (de)	asociație (f)	[asotʃi'atsie]
conferentiezaal (de)	sală (f) de conferințe	['sale de konfe'rintse]
congres (het)	congres (n)	[kon'gres]

wedstrijd (de)	concurs (n)	[ko'nkurs]
bezoeker (de)	vizitator (m)	[vizita'tor]
bezoeken (ww)	a vizita	[a vizi'ta]
afnemer (de)	client (m)	[kli'ent]

84. Wetenschap. Onderzoek. Wetenschappers

wetenschap (de)	ştiinţă (f)	[ʃti'intsə]
wetenschappelijk (bn)	ştiinţific	[ʃtiin'tsifik]
wetenschapper (de)	savant (m)	[sa'vant]
theorie (de)	teorie (f)	[teo'rie]

axioma (het)	axiomă (f)	[aksi'omə]
analyse (de)	analiză (f)	[ana'lizə]
analyseren (ww)	a analiza	[a anali'za]
argument (het)	argument (n)	[argu'ment]
substantie (de)	substanţă (f)	[sub'stantsə]

hypothese (de)	ipoteză (f)	[ipo'tezə]
dilemma (het)	dilemă (f)	[di'lemə]
dissertatie (de)	disertaţie (f)	[diser'tatsie]
dogma (het)	dogmă (f)	['dogmə]

doctrine (de)	doctrină (f)	[dok'trinə]
onderzoek (het)	cercetare (f)	[tʃertʃe'tare]
onderzoeken (ww)	a cerceta	[a tʃertʃe'ta]
toetsing (de)	verificare (f)	[verifi'kare]
laboratorium (het)	laborator (n)	[labora'tor]

methode (de)	metodă (f)	[me'todə]
molecule (de/het)	moleculă (f)	[mole'kulə]
monitoring (de)	monitorizare (n)	[monitori'zare]
ontdekking (de)	descoperire (f)	[deskope'rire]

postulaat (het)	postulat (n)	[postu'lat]
principe (het)	principiu (n)	[prin'tʃipju]
voorspelling (de)	prognoză (f)	[prog'nozə]
een prognose maken	a prognoza	[a progno'za]

synthese (de)	sinteză (f)	[sin'tezə]
tendentie (de)	tendinţă (f)	[ten'dintsə]
theorema (het)	teoremă (f)	[teo'remə]

leerstellingen (mv.)	învăţătură (f)	[invətse'turə]
feit (het)	fapt (n)	[fapt]
expeditie (de)	expediţie (f)	[ekspe'ditsie]
experiment (het)	experiment (n)	[eksperi'ment]

academicus (de)	academician (m)	[akdemi'tʃian]
bachelor (bijv. BA, LLB)	bacalaureat (n)	[bakalaure'at]
doctor (de)	doctor (m)	['doktor]
universitair docent (de)	docent (m)	[do'tʃent]
master, magister (de)	magistru (m)	[ma'dʒistru]
professor (de)	profesor (m)	[pro'fesor]

Beroepen en ambachten

85. Zoeken naar werk. Ontslag

baan (de)	serviciu (n)	[ser'vitʃiu]
werknemers (mv.)	cadre (n pl)	['kadre]

carrière (de)	carieră (f)	[ka'rjerə]
vooruitzichten (mv.)	perspectivă (f)	[perspek'tivə]
meesterschap (het)	îndemânare (f)	[indemi'nare]

keuze (de)	alegere (f)	[a'ledʒere]
uitzendbureau (het)	agenţie (f) de cadre	[adʒen'tsie de 'kadre]
CV, curriculum vitae (het)	CV (n)	[si'vi]
sollicitatiegesprek (het)	interviu (n)	[inter'vju]
vacature (de)	post (n) vacant	['post va'kant]

salaris (het)	salariu (n)	[sa'larju]
vaste salaris (het)	salariu (n)	[sa'larju]
loon (het)	plată (f)	['platə]

betrekking (de)	funcţie (f)	['funktsie]
taak, plicht (de)	obligaţie (f)	[obli'gatsie]
takenpakket (het)	domeniu (n)	[do'menju]
bezig (~ zijn)	ocupat	[oku'pat]

ontslagen (ww)	a concedia	[a kontʃedi'a]
ontslag (het)	concediere (f)	[kontʃe'djere]

werkloosheid (de)	şomaj (n)	[ʃo'maʒ]
werkloze (de)	şomer (m)	[ʃo'mer]
pensioen (het)	pensie (f)	['pensie]
met pensioen gaan	a se pensiona	[a se pensio'na]

86. Zakenmensen

directeur (de)	director (m)	[di'rektor]
beheerder (de)	administrator (m)	[adminis'trator]
hoofd (het)	conducător (m)	[konduke'tor]

baas (de)	şef (m)	[ʃef]
superieuren (mv.)	conducere (f)	[kon'dutʃere]
president (de)	preşedinte (m)	[preʃe'dinte]
voorzitter (de)	preşedinte (m)	[preʃe'dinte]

adjunct (de)	adjunct (m)	[a'dʒunkt]
assistent (de)	asistent (m)	[asis'tent]
secretaris (de)	secretar (m)	[sekre'tar]

persoonlijke assistent (de)	secretar (m) personal	[sekre'tar perso'nal]
zakenman (de)	om (m) de afaceri	[om de a'fatʃerʲ]
ondernemer (de)	întreprinzător (m)	[întreprinzə'tor]
oprichter (de)	fondator (m)	[fonda'tor]
oprichten (een nieuw bedrijf ~)	a fonda	[a fon'da]
stichter (de)	fondator (m)	[fonda'tor]
partner (de)	partener (m)	[parte'ner]
aandeelhouder (de)	acţionar (m)	[aktsio'nar]
miljonair (de)	milionar (m)	[milio'nar]
miljardair (de)	miliardar (n)	[miliar'dar]
eigenaar (de)	proprietar (m)	[proprie'tar]
landeigenaar (de)	proprietar (m) funciar	[proprie'tar funtʃi'ar]
klant (de)	client (m)	[kli'ent]
vaste klant (de)	client (m) fidel	[kli'ent fi'del]
koper (de)	cumpărător (m)	[kumpərə'tor]
bezoeker (de)	vizitator (m)	[vizita'tor]
professioneel (de)	profesionist (m)	[profesio'nist]
expert (de)	expert (m)	[eks'pert]
specialist (de)	specialist (m)	[spetʃia'list]
bankier (de)	bancher (m)	[ban'ker]
makelaar (de)	broker (m)	['broker]
kassier (de)	casier (m)	[ka'sjer]
boekhouder (de)	contabil (f)	[kon'tabil]
bewaker (de)	paznic (m)	['paznik]
investeerder (de)	investitor (m)	[investi'tor]
schuldenaar (de)	datornic (m)	[da'tornik]
crediteur (de)	creditor (m)	[kredi'tor]
lener (de)	datornic (m)	[da'tornik]
importeur (de)	importator (m)	[importa'tor]
exporteur (de)	exportator (m)	[eksporta'tor]
producent (de)	producător (m)	[produkə'tor]
distributeur (de)	distribuitor (m)	[distribui'tor]
bemiddelaar (de)	intermediar (m)	[intermedi'ar]
adviseur, consulent (de)	consultant (m)	[konsul'tant]
vertegenwoordiger (de)	reprezentant (m)	[reprezen'tant]
agent (de)	agent (m)	[a'dʒent]
verzekeringsagent (de)	agent (m) de asigurare	[a'dʒent de asigu'rare]

87. Dienstverlenende beroepen

kok (de)	bucătar (m)	[bukə'tar]
chef-kok (de)	bucătar-şef (m)	[bukə'tar 'ʃef]
bakker (de)	brutar (m)	[bru'tar]

barman (de)	barman (m)	['barman]
kelner, ober (de)	chelner (m)	['kelner]
serveerster (de)	chelneriţă (f)	[kelne'ritsə]
advocaat (de)	avocat (m)	[avo'kat]
jurist (de)	jurist (m)	[ʒu'rist]
notaris (de)	notar (m)	[no'tar]
elektricien (de)	electrician (m)	[elektritʃi'an]
loodgieter (de)	instalator (m)	[instala'tor]
timmerman (de)	dulgher (m)	[dul'ger]
masseur (de)	masor (m)	[ma'sor]
masseuse (de)	masează (f)	[ma'sezə]
dokter, arts (de)	medic (m)	['medik]
taxichauffeur (de)	taximetrist (m)	[taksime'trist]
chauffeur (de)	şofer (m)	[ʃo'fer]
koerier (de)	curier (m)	[ku'rjer]
kamermeisje (het)	femeie (f) de serviciu	[fe'mee de ser'vitʃiu]
bewaker (de)	paznic (m)	['paznik]
stewardess (de)	stewardesă (f)	[stjuar'desə]
meester (de)	profesor (m)	[pro'fesor]
bibliothecaris (de)	bibliotecar (m)	[bibliote'kar]
vertaler (de)	traducător (m)	[traduke'tor]
tolk (de)	interpret (m)	[inter'pret]
gids (de)	ghid (m)	[gid]
kapper (de)	frizer (m)	[fri'zer]
postbode (de)	poştaş (m)	[poʃ'taʃ]
verkoper (de)	vânzător (m)	[vɨnzə'tor]
tuinman (de)	grădinar (m)	[grədi'nar]
huisbediende (de)	servitor (m)	[servi'tor]
dienstmeisje (het)	servitoare (f)	[servito'are]
schoonmaakster (de)	femeie (f) de serviciu	[fe'mee de ser'vitʃiu]

88. Militaire beroepen en rangen

soldaat (rang)	soldat (m)	[sol'dat]
sergeant (de)	sergent (m)	[ser'dʒent]
luitenant (de)	locotenent (m)	[lokote'nent]
kapitein (de)	căpitan (m)	[kəpi'tan]
majoor (de)	maior (m)	[ma'jor]
kolonel (de)	colonel (m)	[kolo'nel]
generaal (de)	general (m)	[dʒene'ral]
maarschalk (de)	mareşal (m)	[mare'ʃal]
admiraal (de)	amiral (m)	[ami'ral]
militair (de)	militar (m)	[mili'tar]
soldaat (de)	soldat (m)	[sol'dat]

| officier (de) | ofițer (m) | [ofi'tser] |
| commandant (de) | comandant (m) | [koman'dant] |

grenswachter (de)	grănicer (m)	[grəni'tʃer]
marconist (de)	radist (m)	[ra'dist]
verkenner (de)	cercetaș (m)	[tʃertʃe'taʃ]
sappeur (de)	genist (m)	[dʒe'nist]
schutter (de)	trăgător (m)	[trəgə'tor]
stuurman (de)	navigator (m)	[naviga'tor]

89. Ambtenaren. Priesters

| koning (de) | rege (m) | ['redʒe] |
| koningin (de) | regină (f) | [re'dʒinə] |

| prins (de) | prinț (m) | [prints] |
| prinses (de) | prințesă (f) | [prin'tsesə] |

| tsaar (de) | țar (m) | [tsar] |
| tsarina (de) | țarină (f) | [tsa'rinə] |

president (de)	președinte (m)	[preʃə'dinte]
minister (de)	ministru (m)	[mi'nistru]
eerste minister (de)	prim-ministru (m)	['prim mi'nistru]
senator (de)	senator (m)	[sena'tor]

diplomaat (de)	diplomat (m)	[diplo'mat]
consul (de)	consul (m)	['konsul]
ambassadeur (de)	ambasador (m)	[ambasa'dor]
adviseur (de)	consilier (m)	[konsi'ljer]

ambtenaar (de)	funcționar (m)	[funktsio'nar]
prefect (de)	prefect (m)	[pre'fekt]
burgemeester (de)	primar (m)	[pri'mar]

| rechter (de) | judecător (m) | [ʒudekə'tor] |
| aanklager (de) | procuror (m) | [proku'ror] |

missionaris (de)	misionar (m)	[misio'nar]
monnik (de)	călugăr (m)	[kə'lugər]
abt (de)	abate (m)	[a'bate]
rabbi, rabbijn (de)	rabin (m)	[ra'bin]

vizier (de)	vizir (m)	[vi'zir]
sjah (de)	șah (m)	[ʃah]
sjeik (de)	șeic (m)	['ʃejk]

90. Agrarische beroepen

imker (de)	apicultor (m)	[apikul'tor]
herder (de)	păstor (m)	[pəs'tor]
landbouwkundige (de)	agronom (m)	[agro'nom]

veehouder (de)	zootehnician (m)	[zootehnitʃi'an]
dierenarts (de)	veterinar (m)	[veteri'nar]
landbouwer (de)	fermier (m)	[fer'mjer]
wijnmaker (de)	vinificator (m)	[vinifika'tor]
zoöloog (de)	zoolog (m)	[zoo'log]
cowboy (de)	cowboy (m)	['kauboj]

91. Kunst beroepen

acteur (de)	actor (m)	[ak'tor]
actrice (de)	actriță (f)	[ak'tritsə]
zanger (de)	cântăreț (m)	[kɨntə'rets]
zangeres (de)	cântăreață (f)	[kɨntə'rʲatsə]
danser (de)	dansator (m)	[dansa'tor]
danseres (de)	dansatoare (f)	[dansato'are]
artiest (mann.)	artist (m)	[ar'tist]
artiest (vrouw.)	artistă (f)	[ar'tistə]
muzikant (de)	muzician (m)	[muzitʃi'an]
pianist (de)	pianist (m)	[pia'nist]
gitarist (de)	chitarist (m)	[kita'rist]
orkestdirigent (de)	dirijor (m)	[diri'ʒor]
componist (de)	compozitor (m)	[kompo'zitor]
impresario (de)	impresar (m)	[impre'sar]
filmregisseur (de)	regizor (m)	[re'dʒizor]
filmproducent (de)	producător (m)	[produkə'tor]
scenarioschrijver (de)	scenarist (m)	[stʃena'rist]
criticus (de)	critic (m)	['kritik]
schrijver (de)	scriitor (m)	[skrii'tor]
dichter (de)	poet (m)	[po'et]
beeldhouwer (de)	sculptor (m)	['skulptor]
kunstenaar (de)	pictor (m)	['piktor]
jongleur (de)	jongler (m)	[ʒon'gler]
clown (de)	clovn (m)	[klovn]
acrobaat (de)	acrobat (m)	[akro'bat]
goochelaar (de)	magician (m)	[madʒitʃi'an]

92. Verschillende beroepen

dokter, arts (de)	medic (m)	['medik]
ziekenzuster (de)	asistentă (f) medicală	[asis'tentə medi'kalə]
psychiater (de)	psihiatru (m)	[psihi'atru]
tandarts (de)	stomatolog (m)	[stomato'log]
chirurg (de)	chirurg (m)	[ki'rurg]

astronaut (de)	astronaut (m)	[astrona'ut]
astronoom (de)	astronom (m)	[astro'nom]
piloot (de)	pilot (m)	[pi'lot]

chauffeur (de)	şofer (m)	[ʃo'fer]
machinist (de)	maşinist (m)	[maʃi'nist]
mecanicien (de)	mecanic (m)	[me'kanik]

mijnwerker (de)	miner (m)	[mi'ner]
arbeider (de)	muncitor (m)	[muntʃi'tor]
bankwerker (de)	lăcătuş (m)	[ləkə'tuʃ]
houtbewerker (de)	tâmplar (m)	[tɨm'plar]
draaier (de)	strungar (m)	[strun'gar]
bouwvakker (de)	constructor (m)	[kon'struktor]
lasser (de)	sudor (m)	[su'dor]

professor (de)	profesor (m)	[pro'fesor]
architect (de)	arhitect (m)	[arhi'tekt]
historicus (de)	istoric (m)	[is'torik]
wetenschapper (de)	savant (m)	[sa'vant]
fysicus (de)	fizician (m)	[fizitʃi'an]
scheikundige (de)	chimist (m)	[ki'mist]

archeoloog (de)	arheolog (m)	[arheo'log]
geoloog (de)	geolog (m)	[dʒeo'log]
onderzoeker (de)	cercetător (m)	[tʃertʃetə'tor]

| babysitter (de) | dădacă (f) | [də'dakə] |
| leraar, pedagoog (de) | pedagog (m) | [peda'gog] |

redacteur (de)	redactor (m)	[re'daktor]
chef-redacteur (de)	redactor-şef (m)	[re'daktor 'ʃef]
correspondent (de)	corespondent (m)	[korespon'dent]
typiste (de)	dactilografă (f)	[daktilo'grafə]

designer (de)	designer (m)	[di'zajner]
computerexpert (de)	operator (m)	[opera'tor]
programmeur (de)	programator (m)	[programa'tor]
ingenieur (de)	inginer (m)	[indʒi'ner]

matroos (de)	marinar (m)	[mari'nar]
zeeman (de)	marinar (m)	[mari'nar]
redder (de)	salvator (m)	[salva'tor]

brandweerman (de)	pompier (m)	[pom'pjer]
politieagent (de)	poliţist (m)	[poli'tsist]
nachtwaker (de)	paznic (m)	['paznik]
detective (de)	detectiv (m)	[detek'tiv]

douanier (de)	vameş (m)	['vameʃ]
lijfwacht (de)	gardă (f) de corp	['gardə de 'korp]
gevangenisbewaker (de)	supraveghetor (m)	[supravege'tor]
inspecteur (de)	inspector (m)	[in'spektor]

| sportman (de) | sportiv (m) | [spor'tiv] |
| trainer (de) | antrenor (m) | [antre'nor] |

slager, beenhouwer (de)	măcelar (m)	[mətʃe'lar]
schoenlapper (de)	cizmar (m)	[tʃiz'mar]
handelaar (de)	comerciant (m)	[komertʃi'ant]
lader (de)	hamal (m)	[ha'mal]
kledingstilist (de)	modelier (n)	[mode'ljer]
model (het)	model (n)	[mo'del]

93. Beroepen. Sociale status

scholier (de)	elev (m)	[e'lev]
student (de)	student (m)	[stu'dent]
filosoof (de)	filozof (m)	[filo'zof]
econoom (de)	economist (m)	[ekono'mist]
uitvinder (de)	inventator (m)	[inventa'tor]
werkloze (de)	şomer (m)	[ʃo'mer]
gepensioneerde (de)	pensionar (m)	[pensio'nar]
spion (de)	spion (m)	[spi'on]
gedetineerde (de)	arestat (m)	[ares'tat]
staker (de)	grevist (m)	[gre'vist]
bureaucraat (de)	birocrat (m)	[biro'krat]
reiziger (de)	călător (m)	[kələ'tor]
homoseksueel (de)	homosexual (m)	[homoseksu'al]
hacker (computerkraker)	hacker (m)	['haker]
bandiet (de)	bandit (m)	[ban'dit]
huurmoordenaar (de)	asasin (m) plătit	[asa'sin plə'tit]
drugsverslaafde (de)	narcoman (m)	[narko'man]
drugshandelaar (de)	vânzător (m) de droguri	[vinzə'tor de 'drogurʲ]
prostituee (de)	prostituată (f)	[prostitu'atə]
pooier (de)	proxenet (m)	[prokse'net]
tovenaar (de)	vrăjitor (m)	[vrəʒi'tor]
tovenares (de)	vrăjitoare (f)	[vrəʒito'are]
piraat (de)	pirat (m)	[pi'rat]
slaaf (de)	rob (m)	[rob]
samoerai (de)	samurai (m)	[samu'raj]
wilde (de)	sălbatic (m)	[səl'batik]

Onderwijs

94. School

school (de)	şcoală (f)	[ʃko'ale]
schooldirecteur (de)	director (m)	[di'rektor]
leerling (de)	elev (m)	[e'lev]
leerlinge (de)	elevă (f)	[e'leve]
scholier (de)	elev (m)	[e'lev]
scholiere (de)	elevă (f)	[e'leve]
leren (lesgeven)	a învăţa	[a invə'tsa]
studeren (bijv. een taal ~)	a învăţa	[a invə'tsa]
van buiten leren	a învăţa pe de rost	[a invə'tsa pe de rost]
leren (bijv. ~ tellen)	a învăţa	[a invə'tsa]
in school zijn (schooljongen zijn)	a merge la şcoală	[a 'merdʒe la ʃko'ale]
naar school gaan	a merge la şcoală	[a 'merdʒe la ʃko'ale]
alfabet (het)	alfabet (n)	[alfa'bet]
vak (schoolvak)	disciplină (f)	[distʃi'pline]
klaslokaal (het)	clasă (f)	['klase]
les (de)	lecţie (f)	['lektsie]
pauze (de)	recreaţie (f)	[rekre'atsie]
bel (de)	sunet (n)	['sunet]
schooltafel (de)	bancă (f)	['banke]
schoolbord (het)	tablă (f)	['table]
cijfer (het)	notă (f)	['note]
goed cijfer (het)	notă (f) bună	['note 'bune]
slecht cijfer (het)	notă (f) rea	['note r'a]
een cijfer geven	a pune notă	[a 'pune 'note]
fout (de)	greşeală (f)	[gre'ʃale]
fouten maken	a greşi	[a gre'ʃi]
corrigeren (fouten ~)	a corecta	[a korek'ta]
spiekbriefje (het)	fiţuică (f)	[fi'tsujke]
huiswerk (het)	temă (f) pentru acasă	['teme 'pentru a'kase]
oefening (de)	exerciţiu (n)	[egzer'tʃitsju]
aanwezig zijn (ww)	a fi prezent	[a fi pre'zent]
absent zijn (ww)	a lipsi	[a lip'si]
bestraffen (een stout kind ~)	a pedepsi	[a pedep'si]
bestraffing (de)	pedeapsă (f)	[pe'dʲapse]
gedrag (het)	comportament (n)	[komporta'ment]

cijferlijst (de)	agendă (f)	[a'dʒendə]
potlood (het)	creion (n)	[kre'jon]
gom (de)	radieră (f)	[radi'erə]
krijt (het)	cretă (f)	['kretə]
pennendoos (de)	penar (n)	[pe'nar]
boekentas (de)	ghiozdan (n)	[goz'dan]
pen (de)	pix (n)	[piks]
schrift (de)	caiet (n)	[ka'et]
leerboek (het)	manual (n)	[manu'al]
passer (de)	compas (n)	[kom'pas]
technisch tekenen (ww)	a schiţa	[a ski'tsa]
technische tekening (de)	plan (n)	[plan]
gedicht (het)	poezie (f)	[poe'zie]
van buiten (bw)	pe de rost	[pe de rost]
van buiten leren	a învăţa pe de rost	[a inve'tsa pe de rost]
vakantie (de)	vacanţă (f)	[va'kantsə]
met vakantie zijn	a fi în vacanţă	[a fi in va'kantsə]
toets (schriftelijke ~)	lucrare (f) de control	[lu'krare de kon'trol]
opstel (het)	compunere (f)	[kom'punere]
dictee (het)	dictare (f)	[dik'tare]
examen (het)	examen (n)	[e'gzamen]
examen afleggen	a da examene	[a da e'gzamene]
experiment (het)	experiment (f)	[eksperi'ment]

95. Hogeschool. Universiteit

academie (de)	academie (f)	[akade'mie]
universiteit (de)	universitate (f)	[universi'tate]
faculteit (de)	facultate (f)	[fakul'tate]
student (de)	student (m)	[stu'dent]
studente (de)	studentă (f)	[stu'dentə]
leraar (de)	profesor (m)	[pro'fesor]
collegezaal (de)	aulă (f)	[a'ulə]
afgestudeerde (de)	absolvent (m)	[absol'vent]
diploma (het)	diplomă (f)	['diplomə]
dissertatie (de)	disertaţie (f)	[diser'tatsie]
onderzoek (het)	cercetare (f)	[tʃertʃe'tare]
laboratorium (het)	laborator (n)	[labora'tor]
college (het)	prelegere (f)	[pre'ledʒere]
medestudent (de)	coleg (m) de an	[ko'leg de an]
studiebeurs (de)	bursă (f)	['bursə]
academische graad (de)	titlu (n) ştiinţific	['titlu ʃtiin'tsifik]

96. Wetenschappen. Disciplines

wiskunde (de)	matematică (f)	[mate'matikə]
algebra (de)	algebră (f)	[al'dʒebrə]
meetkunde (de)	geometrie (f)	[dʒeome'trie]
astronomie (de)	astronomie (f)	[astrono'mie]
biologie (de)	biologie (f)	[biolo'dʒie]
geografie (de)	geografie (f)	[dʒeogra'fie]
geologie (de)	geologie (f)	[dʒeolo'dʒie]
geschiedenis (de)	istorie (f)	[is'torie]
geneeskunde (de)	medicină (f)	[medi'tʃinə]
pedagogiek (de)	pedagogie (f)	[pedago'dʒie]
rechten (mv.)	drept (n)	[drept]
fysica, natuurkunde (de)	fizică (f)	['fizikə]
scheikunde (de)	chimie (f)	[ki'mie]
filosofie (de)	filozofie (f)	[filozo'fie]
psychologie (de)	psihologie (f)	[psiholo'dʒie]

97. Schrift. Spelling

grammatica (de)	gramatică (f)	[gra'matikə]
vocabulaire (het)	lexic (n)	['leksik]
fonetiek (de)	fonetică (f)	[fo'netikə]
zelfstandig naamwoord (het)	substantiv (n)	[substan'tiv]
bijvoeglijk naamwoord (het)	adjectiv (n)	[adʒek'tiv]
werkwoord (het)	verb (n)	[verb]
bijwoord (het)	adverb (n)	[ad'verb]
voornaamwoord (het)	pronume (n)	[pro'nume]
tussenwerpsel (het)	interjecţie (f)	[inter'ʒektsie]
voorzetsel (het)	prepoziţie (f)	[prepo'zitsie]
stam (de)	rădăcina (f) cuvântului	[rədə'tʃina ku'vintuluj]
achtervoegsel (het)	terminaţie (f)	[termi'natsie]
voorvoegsel (het)	prefix (n)	[pre'fiks]
lettergreep (de)	silabă (f)	[si'labə]
achtervoegsel (het)	sufix (n)	[su'fiks]
nadruk (de)	accent (n)	[ak'tʃent]
afkappingsteken (het)	apostrof (n)	[apo'strof]
punt (de)	punct (n)	[punkt]
komma (de/het)	virgulă (f)	['virgulə]
puntkomma (de)	punct (n) şi virgulă	[punkt ʃi 'virgulə]
dubbelpunt (de)	două puncte (n pl)	['dowə 'punkte]
beletselteken (het)	puncte-puncte (n pl)	['punkte 'punkte]
vraagteken (het)	semn (n) de întrebare	[semn de intre'bare]
uitroepteken (het)	semn (n) de exclamare	[semn de ekskla'mare]

aanhalingstekens (mv.)	ghilimele (f pl)	[gili'mele]
tussen aanhalingstekens (bw)	în ghilimele	[in gili'mele]
haakjes (mv.)	paranteze (f pl)	[paran'teze]
tussen haakjes (bw)	în paranteze	[in paran'teze]

streepje (het)	cratimă (f)	['kratimə]
gedachtestreepje (het)	cratimă (f)	['kratimə]
spatie	spaţiu (n) liber	['spatsju 'liber]
(~ tussen twee woorden)		

| letter (de) | literă (f) | ['literə] |
| hoofdletter (de) | majusculă (f) | [ma'ʒuskulʲa] |

| klinker (de) | vocală (f) | [vo'kalə] |
| medeklinker (de) | consoană (f) | [konso'anə] |

zin (de)	prepoziţie (f)	[prepo'zitsie]
onderwerp (het)	subiect (n)	[su'bjekt]
gezegde (het)	predicat (n)	[predi'kat]

regel (in een tekst)	rând (n)	[rɨnd]
op een nieuwe regel (bw)	alineat	[aline'at]
alinea (de)	paragraf (n)	[para'graf]

woord (het)	cuvânt (n)	[ku'vɨnt]
woordgroep (de)	îmbinare (f) de cuvinte	[ɨmbi'nare de ku'vinte]
uitdrukking (de)	expresie (f)	[eks'presie]
synoniem (het)	sinonim (n)	[sino'nim]
antoniem (het)	antonim (n)	[anto'nim]

regel (de)	regulă (f)	['regulə]
uitzondering (de)	excepţie (f)	[eks'tʃeptsie]
correct (bijv. ~e spelling)	corect	[ko'rekt]

vervoeging, conjugatie (de)	conjugare (f)	[konʒu'gare]
verbuiging, declinatie (de)	declinare (f)	[dekli'nare]
naamval (de)	caz (n)	[kaz]
vraag (de)	întrebare (f)	[ɨntre'bare]
onderstrepen (ww)	a sublinia	[a sublini'a]
stippellijn (de)	linie (f) punctată	['linie punk'tatə]

98. Vreemde talen

taal (de)	limbă (f)	['limbə]
vreemd (bn)	străin	[strə'in]
leren (bijv. van buiten ~)	a studia	[a studi'a]
studeren (Nederlands ~)	a învăţa	[a ɨnvə'tsa]

lezen (ww)	a citi	[a tʃi'ti]
spreken (ww)	a vorbi	[a vor'bi]
begrijpen (ww)	a înţelege	[a ɨntse'ledʒe]
schrijven (ww)	a scrie	[a 'skrie]
snel (bw)	repede	['repede]
langzaam (bw)	încet	[ɨn'tʃet]

vloeiend (bw)	liber	['liber]
regels (mv.)	reguli (f pl)	['regulʲ]
grammatica (de)	gramatică (f)	[gra'matikə]
vocabulaire (het)	lexic (n)	['leksik]
fonetiek (de)	fonetică (f)	[fo'netikə]
leerboek (het)	manual (n)	[manu'al]
woordenboek (het)	dicționar (n)	[diktsio'nar]
leerboek (het) voor zelfstudie	manual (n) autodidactic	[manu'al autodi'daktik]
taalgids (de)	ghid (n) de conversație	[gid de konver'satsie]
cassette (de)	casetă (f)	[ka'setə]
videocassette (de)	casetă (f) video	[ka'setə 'video]
CD (de)	CD (n)	[si'di]
DVD (de)	DVD (n)	[divi'di]
alfabet (het)	alfabet (n)	[alfa'bet]
spellen (ww)	a spune pe litere	[a vor'bi pe 'litere]
uitspraak (de)	pronunție (f)	[pro'nuntsie]
accent (het)	accent (n)	[ak'tʃent]
met een accent (bw)	cu accent	['ku ak'tʃent]
zonder accent (bw)	fără accent	['fərə ak'tʃent]
woord (het)	cuvânt (n)	[ku'vint]
betekenis (de)	sens (n)	[sens]
cursus (de)	cursuri (n)	['kursurʲ]
zich inschrijven (ww)	a se înscrie	[a se in'skrie]
leraar (de)	profesor (m)	[pro'fesor]
vertaling (een ~ maken)	traducere (f)	[tra'dutʃere]
vertaling (tekst)	traducere (f)	[tra'dutʃere]
vertaler (de)	traducător (m)	[tradukə'tor]
tolk (de)	translator (m)	[trans'lator]
polyglot (de)	poliglot (m)	[poli'glot]
geheugen (het)	memorie (f)	[me'morie]

Rusten. Entertainment. Reizen

99. Trip. Reizen

toerisme (het)	turism (n)	[tu'rism]
toerist (de)	turist (m)	[tu'rist]
reis (de)	călătorie (f)	[kələto'rie]
avontuur (het)	aventură (f)	[aven'turə]
tocht (de)	voiaj (n)	[vo'jaʒ]

vakantie (de)	concediu (n)	[kon'tʃedju]
met vakantie zijn	a fi în concediu	[a fi in kon'tʃedju]
rust (de)	odihnă (f)	[o'dihnə]

trein (de)	tren (n)	[tren]
met de trein	cu trenul	[ku 'trenul]
vliegtuig (het)	avion (n)	[a'vjon]
met het vliegtuig	cu avionul	[ku a'vjonul]
met de auto	cu automobilul	[ku automo'bilul]
per schip (bw)	cu vaporul	[ku va'porul]

bagage (de)	bagaj (n)	[ba'gaʒ]
valies (de)	valiză (f)	[va'lizə]
bagagekarretje (het)	cărucior (n) pentru bagaj	[kəru'tʃior 'pentru ba'gaʒ]

paspoort (het)	paşaport (n)	[paʃa'port]
visum (het)	viză (f)	['vizə]
kaartje (het)	bilet (n)	[bi'let]
vliegticket (het)	bilet (n) de avion	[bi'let de a'vjon]

reisgids (de)	ghid (m)	[gid]
kaart (de)	hartă (f)	['hartə]
gebied (landelijk ~)	localitate (f)	[lokali'tate]
plaats (de)	loc (n)	[lok]

exotische bestemming (de)	exotism (n)	[egzo'tism]
exotisch (bn)	exotic	[e'gzotik]
verwonderlijk (bn)	uimitor	[ujmi'tor]

groep (de)	grup (n)	[grup]
rondleiding (de)	excursie (f)	[eks'kursie]
gids (de)	ghid (m)	[gid]

100. Hotel

hotel (het)	hotel (n)	[ho'tel]
motel (het)	motel (n)	[mo'tel]
3-sterren	trei stele	[trej 'stele]

5-sterren	cinci stele	[tʃintʃ 'stele]
overnachten (ww)	a se opri	[a se o'pri]
kamer (de)	cameră (f)	['kamerə]
eenpersoonskamer (de)	cameră pentru o persoană (n)	['kamerə 'pentru o perso'ane]
tweepersoonskamer (de)	cameră pentru două persoane (n)	['kamerə 'pentru 'dowe perso'ane]
een kamer reserveren	a rezerva o cameră	[a rezer'va o 'kamerə]
halfpension (het)	demipensiune (f)	[demipensi'une]
volpension (het)	pensiune (f)	[pensi'une]
met badkamer	cu baie	[ku 'bae]
met douche	cu duş	[ku duʃ]
satelliet-tv (de)	televiziune (f) prin satelit	[televizi'une 'prin sate'lit]
airconditioner (de)	aer (n) condiţionat	['aer konditsio'nat]
handdoek (de)	prosop (n)	[pro'sop]
sleutel (de)	cheie (f)	['kee]
administrateur (de)	administrator (m)	[adminis'trator]
kamermeisje (het)	femeie (f) de serviciu	[fe'mee de ser'vitʃiu]
piccolo (de)	hamal (m)	[ha'mal]
portier (de)	portar (m)	[por'tar]
restaurant (het)	restaurant (n)	[restau'rant]
bar (de)	bar (n)	[bar]
ontbijt (het)	micul dejun (n)	['mikul de'ʒun]
avondeten (het)	cină (f)	['tʃine]
buffet (het)	masă suedeză (f)	['mase sue'deze]
hal (de)	vestibul (n)	[vesti'bul]
lift (de)	lift (n)	[lift]
NIET STOREN	NU DERANJAŢI!	[nu deran'ʒats]
VERBODEN TE ROKEN!	NU FUMAŢI!	[nu fu'mats]

TECHNISCHE APPARATUUR. VERVOER

Technische apparatuur

101. Computer

computer (de)	calculator (n)	[kalkula'tor]
laptop (de)	laptop (n)	[ləp'top]
aanzetten (ww)	a deschide	[a des'kide]
uitzetten (ww)	a închide	[a i'nkide]
toetsenbord (het)	tastatură (f)	[tasta'turə]
toets (enter~)	tastă (f)	['tastə]
muis (de)	mouse (n)	['maus]
muismat (de)	mousepad (n)	[maus'pad]
knopje (het)	tastă (f)	['tastə]
cursor (de)	cursor (m)	[kur'sor]
monitor (de)	monitor (n)	[moni'tor]
scherm (het)	ecran (n)	[e'kran]
harde schijf (de)	hard disc (n)	[hard disk]
volume (het) van de harde schijf	capacitatea (f) hard discului	[kapatʃi'tatia 'hard 'diskuluj]
geheugen (het)	memorie (f)	[me'morie]
RAM-geheugen (het)	memorie (f) operativă	[me'morie opera'tivə]
bestand (het)	fişier (n)	[fiʃi'er]
folder (de)	document (n)	[doku'ment]
openen (ww)	a deschide	[a des'kide]
sluiten (ww)	a închide	[a i'nkide]
opslaan (ww)	a păstra	[a pəs'tra]
verwijderen (wissen)	a şterge	[a 'ʃterdʒe]
kopiëren (ww)	a copia	[a kopi'ja]
sorteren (ww)	a sorta	[a sor'ta]
overplaatsen (ww)	a copia	[a kopi'ja]
programma (het)	program (n)	[pro'gram]
software (de)	programe (n) de aplicaţie	[pro'grame de apli'katsie]
programmeur (de)	programator (m)	[programa'tor]
programmeren (ww)	a programa	[a progra'ma]
hacker (computerkraker)	hacker (m)	['haker]
wachtwoord (het)	parolă (f)	[pa'role]
virus (het)	virus (m)	['virus]
ontdekken (virus ~)	a găsi	[a gə'si]

byte (de)	bait (m)	[bajt]
megabyte (de)	megabyte (m)	[mega'bajt]
data (de)	date (f pl)	['date]
databank (de)	bază (f) de date	['bazə de 'date]
kabel (USB-~, enz.)	cablu (n)	['kablu]
afsluiten (ww)	a deconecta	[a dekonek'ta]
aansluiten op (ww)	a conecta	[a konek'ta]

102. Internet. E-mail

internet (het)	internet (n)	[inter'net]
browser (de)	browser (n)	['brauzer]
zoekmachine (de)	motor (n) de căutare	[mo'tor de kəu'tare]
internetprovider (de)	cablu (n)	['kablu]
webmaster (de)	web master (m)	[web 'master]
website (de)	web site (n)	[web 'sajt]
webpagina (de)	pagină (f) web	['padʒinə web]
adres (het)	adresă (f)	[a'dresə]
adresboek (het)	registru (n) de adrese	[re'dʒistru de a'drese]
postvak (het)	cutie (f) poştală	[ku'tie poʃ'talə]
post (de)	corespondenţă (f)	[korespon'dentsə]
bericht (het)	mesaj (n)	[me'saʒ]
verzender (de)	expeditor (m)	[ekspedi'tor]
verzenden (ww)	a expedia	[a ekspedi'ja]
verzending (de)	expediere (f)	[ekspe'djere]
ontvanger (de)	destinatar (m)	[destina'tar]
ontvangen (ww)	a primi	[a pri'mi]
correspondentie (de)	corespondenţă (f)	[korespon'dentsə]
corresponderen (met …)	a coresponda	[a korespon'da]
bestand (het)	fişier (n)	[fiʃi'er]
downloaden (ww)	a copia	[a kopi'ja]
creëren (ww)	a crea	[a 'krʲa]
verwijderen (een bestand ~)	a şterge	[a 'ʃterdʒe]
verwijderd (bn)	şters	[ʃters]
verbinding (de)	conexiune (f)	[koneksi'une]
snelheid (de)	viteză (f)	[vi'tezə]
modem (de)	modem (n)	[mo'dem]
toegang (de)	acces (n)	[ak'tʃes]
poort (de)	port (n)	[port]
aansluiting (de)	conectare (f)	[konek'tare]
zich aansluiten (ww)	a se conecta	[a se konek'ta]
selecteren (ww)	a alege	[a a'ledʒe]
zoeken (ww)	a căuta	[a kəu'ta]

103. Elektriciteit

elektriciteit (de)	electricitate (f)	[elektritʃi'tate]
elektrisch (bn)	electric	[e'lektrik]
elektriciteitscentrale (de)	centrală (f) electrică	[tʃen'trale e'lektrike]
energie (de)	energie (f)	[ener'dʒie]
elektrisch vermogen (het)	energie (f) electrică	[ener'dʒie e'lektrike]
lamp (de)	bec (n)	[bek]
zaklamp (de)	lanternă (f)	[lan'terne]
straatlantaarn (de)	felinar (n)	[feli'nar]
licht (elektriciteit)	lumină (f)	[lu'mine]
aandoen (ww)	a aprinde	[a a'prinde]
uitdoen (ww)	a stinge	[a 'stindʒe]
het licht uitdoen	a stinge lumina	[a 'stindʒe lu'mina]
doorbranden (gloeilamp)	a arde	[a 'arde]
kortsluiting (de)	scurtcircuit (n)	['skurtʃirku'it]
onderbreking (de)	ruptură (f)	[rup'ture]
contact (het)	contact (n)	[kon'takt]
schakelaar (de)	întrerupător (n)	[intrerupe'tor]
stopcontact (het)	priză (f)	['prize]
stekker (de)	furcă (f)	['furke]
verlengsnoer (de)	prelungitor (n)	[prelundʒi'tor]
zekering (de)	siguranţă (f)	[sigu'rantse]
kabel (de)	fir (n) electric	[fir e'lektrik]
bedrading (de)	instalaţie (f) electrică	[insta'latsie e'lektrike]
ampère (de)	amper (m)	[am'per]
stroomsterkte (de)	intensitatea (f) curentului	[intensi'tatʲa ku'rentuluj]
volt (de)	volt (m)	[volt]
spanning (de)	tensiune (f)	[tensi'une]
elektrisch toestel (het)	aparat (n) electric	[apa'rat e'lektrik]
indicator (de)	indicator (n)	[indika'tor]
elektricien (de)	electrician (m)	[elektritʃi'an]
solderen (ww)	a lipi	[a li'pi]
soldeerbout (de)	ciocan (n) de lipit	[tʃio'kan de li'pit]
stroom (de)	curent (m)	[ku'rent]

104. Gereedschappen

werktuig (stuk gereedschap)	instrument (n)	[instru'ment]
gereedschap (het)	instrumente (n pl)	[instru'mente]
uitrusting (de)	utilaj (n)	[uti'laʒ]
hamer (de)	ciocan (n)	[tʃio'kan]
schroevendraaier (de)	şurubelniţă (f)	[ʃuru'belnitse]
bijl (de)	topor (n)	[to'por]

zaag (de)	ferăstrău (n)	[ferəstrəu]
zagen (ww)	a tăia cu ferăstrăul	[a tə'ja 'ku ferəstrəul]
schaaf (de)	rindea (f)	[rin'd/a]
schaven (ww)	a gelui	[a dʒelu'i]
soldeerbout (de)	ciocan (n) de lipit	[tʃio'kan de li'pit]
solderen (ww)	a lipi	[a li'pi]

vijl (de)	pilă (f)	['pilə]
nijptang (de)	cleşte (m)	['kleʃte]
combinatietang (de)	cleşte (m) patent	['kleʃte pa'tent]
beitel (de)	daltă (f) de tâmplărie	['daltə de timplə'rie]

boorkop (de)	burghiu (n)	[bur'gju]
boormachine (de)	sfredel (n)	['sfredel]
boren (ww)	a sfredeli	[a sfrede'li]

| mes (het) | cuţit (n) | [ku'tsit] |
| lemmet (het) | lamă (f) | ['lamə] |

scherp (bijv. ~ mes)	ascuţit	[asku'tsit]
bot (bn)	tocit	[to'tʃit]
bot raken (ww)	a se toci	[a se to'tʃi]
slijpen (een mes ~)	a ascuţi	[a asku'tsi]

bout (de)	şurub (n)	[ʃu'rub]
moer (de)	piuliţă (f)	[pju'litsə]
schroefdraad (de)	filet (n)	[fi'let]
houtschroef (de)	şurub (n)	[ʃu'rub]

| spijker (de) | cui (n) | [kuj] |
| kop (de) | bont (n) | [bont] |

liniaal (de/het)	linie (f)	['linie]
rolmeter (de)	ruletă (f)	[ru'letə]
waterpas (de/het)	nivelă (f)	[ni'vela]
loep (de)	lupă (f)	['lupə]

meetinstrument (het)	aparat (n) de măsurat	[apa'rat de məsu'rat]
opmeten (ww)	a măsura	[a məsu'ra]
schaal (meetschaal)	scală (f)	['skalə]
gegevens (mv.)	indicaţii (f pl)	[indi'katsij]

| compressor (de) | compresor (n) | [kompre'sor] |
| microscoop (de) | microscop (n) | [mikro'skop] |

pomp (de)	pompă (f)	['pompə]
robot (de)	robot (m)	[ro'bot]
laser (de)	laser (n)	['laser]

moersleutel (de)	cheie (f) franceză	['kee fran'tʃezə]
plakband (de)	bandă (f) izolatoare	['bandə izolato'are]
lijm (de)	clei (n)	[klej]

schuurpapier (het)	hârtie (f) abrazivă	[hir'tie abra'zivə]
veer (de)	arc (n)	[ark]
magneet (de)	magnet (m)	[mag'net]

handschoenen (mv.)	mănuşi (f pl)	[mə'nuʃ]
touw (bijv. henneptouw)	funie (f)	['funie]
snoer (het)	şnur (n)	[ʃnur]
draad (de)	fir (n) electric	[fir e'lektrik]
kabel (de)	cablu (n)	['kablu]
moker (de)	baros (m)	[ba'ros]
breekijzer (het)	rangă (f)	['rangə]
ladder (de)	scară (f)	['skarə]
trapje (inklapbaar ~)	scară (f) de frânghie	['skarə de frin'gie]
aanschroeven (ww)	a înşuruba	[a inʃuru'ba]
losschroeven (ww)	a deşuruba	[a deʃuru'ba]
dichtpersen (ww)	a strânge	[a 'strindʒe]
vastlijmen (ww)	a lipi	[a li'pi]
snijden (ww)	a tăia	[a tə'ja]
defect (het)	deranjament (n)	[deranʒa'ment]
reparatie (de)	reparaţie (f)	[repa'ratsie]
repareren (ww)	a repara	[a repa'ra]
regelen (een machine ~)	a regla	[a re'gla]
checken (ww)	a verifica	[a verifi'ka]
controle (de)	verificare (f)	[verifi'kare]
gegevens (mv.)	indicaţie (f)	[indi'katsie]
degelijk (bijv. ~ machine)	sigur	['sigur]
ingewikkeld (bn)	complex	[kom'pleks]
roesten (ww)	a rugini	[a rudʒi'ni]
roestig (bn)	ruginit	[rudʒi'nit]
roest (de/het)	rugină (f)	[ru'dʒinə]

Vervoer

105. Vliegtuig

vliegtuig (het)	avion (n)	[a'vjon]
vliegticket (het)	bilet (n) de avion	[bi'let de a'vjon]
luchtvaartmaatschappij (de)	companie (f) aeriană	[kompa'nie aeri'anə]
luchthaven (de)	aeroport (n)	[aero'port]
supersonisch (bn)	supersonic	[super'sonik]
gezagvoerder (de)	comandant (m) de navă	[koman'dant de 'navə]
bemanning (de)	echipaj (n)	[eki'paʒ]
piloot (de)	pilot (m)	[pi'lot]
stewardess (de)	stewardesă (f)	[stjuar'desə]
stuurman (de)	navigator (m)	[naviga'tor]
vleugels (mv.)	aripi (f pl)	[a'ripʲ]
staart (de)	coadă (f)	[ko'adə]
cabine (de)	cabină (f)	[ka'binə]
motor (de)	motor (n)	[mo'tor]
landingsgestel (het)	tren (n) de aterizare	[tren de ateri'zare]
turbine (de)	turbină (f)	[tur'binə]
propeller (de)	elice (f)	[e'litʃe]
zwarte doos (de)	cutie (f) neagră	[ku'tie 'nʲagrə]
stuur (het)	manşă (f)	['manʃə]
brandstof (de)	combustibil (m)	[kombus'tibil]
veiligheidskaart (de)	instrucţiune (f)	[instruktsi'une]
zuurstofmasker (het)	mască (f) cu oxigen	['maskə 'ku oksi'dʒen]
uniform (het)	uniformă (f)	[uni'formə]
reddingsvest (de)	vestă (f) de salvare	['veste de sal'vare]
parachute (de)	paraşută (f)	[para'ʃutə]
opstijgen (het)	decolare (f)	[deko'lare]
opstijgen (ww)	a decola	[a deko'la]
startbaan (de)	pistă (f) de decolare	['pistə de deko'lare]
zicht (het)	vizibilitate (f)	[vizibili'tate]
vlucht (de)	zbor (n)	[zbor]
hoogte (de)	înălţime (f)	[inəl'tsime]
luchtzak (de)	gol de aer (n)	[gol de 'aer]
plaats (de)	loc (n)	[lok]
koptelefoon (de)	căşti (f pl)	[kəʃtʲ]
tafeltje (het)	măsuţă (f) rabatabilă	[mə'sutsə raba'tabilə]
venster (het)	hublou (n)	[hu'blou]
gangpad (het)	trecere (f)	['tretʃere]

106. Trein

trein (de)	tren (n)	[tren]
elektrische trein (de)	tren (n) electric	['tren e'lektrik]
sneltrein (de)	tren (n) accelerat	['tren aktʃele'rat]
diesellocomotief (de)	locomotivă (f) cu motor diesel	[lokomo'tivə ku mo'tor 'dizel]
stoomlocomotief (de)	locomotivă (f)	[lokomo'tivə]
rijtuig (het)	vagon (n)	[va'gon]
restauratierijtuig (het)	vagon-restaurant (n)	[va'gon restau'rant]
rails (mv.)	şine (f pl)	['ʃine]
spoorweg (de)	cale (f) ferată	['kale fe'ratə]
dwarsligger (de)	traversă (f)	[tra'versə]
perron (het)	peron (n)	[pe'ron]
spoor (het)	linie (f)	['linie]
semafoor (de)	semafor (n)	[sema'for]
halte (bijv. kleine treinhalte)	staţie (f)	['statsie]
machinist (de)	maşinist (m)	[maʃi'nist]
kruier (de)	hamal (m)	[ha'mal]
conducteur (de)	însoţitor (m)	[ɨnsotsi'tor]
passagier (de)	pasager (m)	[pasa'dʒer]
controleur (de)	controlor (m)	[kontro'lor]
gang (in een trein)	coridor (n)	[kori'dor]
noodrem (de)	semnal (n) de alarmă	[sem'nal de a'larmə]
coupé (de)	compartiment (n)	[komparti'ment]
bed (slaapplaats)	cuşetă (f)	[ku'ʃetə]
bovenste bed (het)	patul (n) de sus	['patul de sus]
onderste bed (het)	patul (n) de jos	['patul de ʒos]
beddengoed (het)	lenjerie (f) de pat	[lenʒe'rie de pat]
kaartje (het)	bilet (n)	[bi'let]
dienstregeling (de)	orar (n)	[o'rar]
informatiebord (het)	panou (n)	[pa'nou]
vertrekken (De trein vertrekt …)	a pleca	[a ple'ka]
vertrek (ov. een trein)	plecare (f)	[ple'kare]
aankomen (ov. de treinen)	a sosi	[a so'si]
aankomst (de)	sosire (f)	[so'sire]
aankomen per trein	a veni cu trenul	[a ve'ni ku 'trenul]
in de trein stappen	a se aşeza în tren	[a se aʃe'za ɨn tren]
uit de trein stappen	a coborî din tren	[a kobo'rɨ din tren]
treinwrak (het)	accident (n) de tren	[aktʃi'dent de tren]
stoomlocomotief (de)	locomotivă (f)	[lokomo'tivə]
stoker (de)	fochist (m)	[fo'kist]
stookplaats (de)	focar (n)	[fo'kar]
steenkool (de)	cărbune (m)	[kər'bune]

107. Schip

schip (het)	corabie (f)	[ko'rabie]
vaartuig (het)	navă (f)	['navə]
stoomboot (de)	vapor (n)	[va'por]
motorschip (het)	motonavă (f)	[moto'navə]
lijnschip (het)	vas (n) de croazieră	[vas de kroa'zjerə]
kruiser (de)	crucişător (n)	[krutʃiʃə'tor]
jacht (het)	iaht (n)	[jaht]
sleepboot (de)	remorcher (n)	[remor'ker]
duwbak (de)	şlep (n)	[ʃlep]
ferryboot (de)	bac (n)	[bak]
zeilboot (de)	velier (n)	[ve'ljer]
brigantijn (de)	brigantină (f)	[brigan'tinə]
ijsbreker (de)	spărgător (n) de gheaţă	[spərgə'tor de 'gʲatsə]
duikboot (de)	submarin (n)	[subma'rin]
boot (de)	barcă (f)	['barkə]
sloep (de)	şalupă (f)	[ʃa'lupə]
reddingssloep (de)	şalupă (f) de salvare	[ʃa'lupə de sal'vare]
motorboot (de)	cuter (n)	['kuter]
kapitein (de)	căpitan (m)	[kəpi'tan]
zeeman (de)	marinar (m)	[mari'nar]
matroos (de)	marinar (m)	[mari'nar]
bemanning (de)	echipaj (n)	[eki'paʒ]
bootsman (de)	şef (m) de echipaj	[ʃef de eki'paʒ]
scheepsjongen (de)	mus (m)	[mus]
kok (de)	bucătar (m)	[bukə'tar]
scheepsarts (de)	medic (m) pe navă	['medik pe 'navə]
dek (het)	teugă (f)	[te'ugə]
mast (de)	catarg (n)	[ka'targ]
zeil (het)	velă (f)	['velə]
ruim (het)	cală (f)	['kalə]
voorsteven (de)	proră (f)	['prorə]
achtersteven (de)	pupă (f)	['pupə]
roeispaan (de)	vâslă (f)	['vɨslə]
schroef (de)	elice (f)	[e'litʃe]
kajuit (de)	cabină (f)	[ka'binə]
officierskamer (de)	salonul (n) ofiţerilor	[sa'lonul ofi'tserilor]
machinekamer (de)	sala (f) maşinilor	['sala ma'ʃinilor]
brug (de)	punte (f) de comandă	['punte de ko'mandə]
radiokamer (de)	staţie (f) de radio	['statsie de 'radio]
radiogolf (de)	undă (f)	['undə]
logboek (het)	jurnal (n) de bord	[ʒur'nal de bord]
verrekijker (de)	lunetă (f)	[lu'netə]
klok (de)	clopot (n)	['klopot]

vlag (de)	steag (n)	['st'ag]
kabel (de)	parâmă (f)	[pa'rîmə]
knoop (de)	nod (n)	[nod]
leuning (de)	bară (f)	['barə]
trap (de)	pasarelă (f)	[pasa'relə]
anker (het)	ancoră (f)	['ankorə]
het anker lichten	a ridica ancora	[a ridi'ka 'ankora]
het anker neerlaten	a ancora	[a anko'ra]
ankerketting (de)	lanț (n) de ancoră	[lants de 'ankorə]
haven (bijv. containerhaven)	port (n)	[port]
kaai (de)	acostare (f)	[akos'tare]
aanleggen (ww)	a acosta	[a akos'ta]
wegvaren (ww)	a demara	[a dema'ra]
reis (de)	călătorie (f)	[kələto'rie]
cruise (de)	croazieră (f)	[kroa'zjerə]
koers (de)	direcție (f)	[di'rektsie]
route (de)	rută (f)	['rutə]
vaarwater (het)	cale (f) navigabilă	['kale navi'gabilə]
zandbank (de)	banc (n) de nisip	[bank de ni'sip]
stranden (ww)	a se împotmoli	[a se împotmo'li]
storm (de)	furtună (f)	[fur'tunə]
signaal (het)	semnal (n)	[sem'nal]
zinken (ov. een boot)	a se scufunda	[a se skufun'da]
SOS (noodsignaal)	SOS	[sos]
reddingsboei (de)	colac (m) de salvare	[ko'lak de sal'vare]

108. Vliegveld

luchthaven (de)	aeroport (n)	[aero'port]
vliegtuig (het)	avion (n)	[a'vjon]
luchtvaartmaatschappij (de)	companie (f) aeriană	[kompa'nie aeri'anə]
luchtverkeersleider (de)	dispecer (n)	[dis'petʃer]
vertrek (het)	decolare (f)	[deko'lare]
aankomst (de)	aterizare (f)	[ateri'zare]
aankomen (per vliegtuig)	a ateriza	[a ateri'za]
vertrektijd (de)	ora (f) decolării	['ora dekolərij]
aankomstuur (het)	ora (f) aterizării	['ora aterizərij]
vertraagd zijn (ww)	a întârzia	[a întir'zija]
vluchtvertraging (de)	întârzierea (f) zborului	[intirzjer'a 'zboruluj]
informatiebord (het)	panou (n)	[pa'nou]
informatie (de)	informație (f)	[infor'matsie]
aankondigen (ww)	a anunța	[a anun'tsa]
vlucht (bijv. KLM ~)	cursă (f)	['kursə]
douane (de)	vamă (f)	['vamə]

douanier (de)	vameş (m)	['vameʃ]
douaneaangifte (de)	declaraţie (f)	[dekla'ratsie]
een douaneaangifte invullen	a completa declaraţia	[a komple'ta dekla'ratsija]
paspoortcontrole (de)	controlul (n) paşapoartelor	[kon'trolul paʃapo'artelor]
bagage (de)	bagaj (n)	[ba'gaʒ]
handbagage (de)	bagaj (n) de mână	[ba'gaʒ de 'minə]
bagagekarretje (het)	cărucior (n) pentru bagaj	[kəru'tʃior 'pentru ba'gaʒ]
landing (de)	aterizare (f)	[ateri'zare]
landingsbaan (de)	pistă (f) de aterizare	['pistə de ateri'zare]
landen (ww)	a ateriza	[a ateri'za]
vliegtuigtrap (de)	scară (f)	['skarə]
inchecken (het)	înregistrare (f)	[inredʒis'trare]
incheckbalie (de)	birou (n) de înregistrare	[bi'rou de inredʒis'trare]
inchecken (ww)	a se înregistra	[a se inredʒis'tra]
instapkaart (de)	număr (n) de bord	['numər de bord]
gate (de)	debarcare (f)	[debar'kare]
transit (de)	tranzit (n)	['tranzit]
wachten (ww)	a aştepta	[a aʃtep'ta]
wachtzaal (de)	sală (f) de aşteptare	['salə de aʃtep'tare]
begeleiden (uitwuiven)	a conduce	[a kon'dutʃe]
afscheid nemen (ww)	a-şi lua rămas bun	[aʃ lu'a rə'mas bun]

Gebeurtenissen in het leven

109. Vakanties. Evenement

feest (het)	sărbătoare (f)	[sərbəto'are]
nationale feestdag (de)	sărbătoare (f) naţională	[sərbəto'are natsio'nalə]
feestdag (de)	zi (f) de sărbătoare	[zi de sərbəto'are]
herdenken (ww)	a sărbători	[a sərbəto'ri]
gebeurtenis (de)	eveniment (n)	[eveni'ment]
evenement (het)	manifestare (f)	[manifes'tare]
banket (het)	banchet (n)	[ban'ket]
receptie (de)	recepţie (f)	[re'tʃeptsie]
feestmaal (het)	ospăţ (n)	[os'pəts]
verjaardag (de)	aniversare (f)	[aniver'sare]
jubileum (het)	jubileu (n)	[ʒubi'leu]
vieren (ww)	a sărbători	[a sərbəto'ri]
Nieuwjaar (het)	Anul (m) Nou	['anul 'nou]
Gelukkig Nieuwjaar!	La Mulţi Ani!	[la 'multsʲ anʲ]
Kerstfeest (het)	Crăciun (n)	[krə'tʃiun]
Vrolijk kerstfeest!	Crăciun Fericit!	[krə'tʃiun feri'tʃit]
kerstboom (de)	pom (m) de Crăciun	[pom de krə'tʃiun]
vuurwerk (het)	artificii (n)	[arti'fitʃij]
bruiloft (de)	nuntă (f)	['nuntə]
bruidegom (de)	mire (m)	['mire]
bruid (de)	mireasă (f)	[mi'rʲasə]
uitnodigen (ww)	a invita	[a invi'ta]
uitnodigingskaart (de)	invitaţie (f)	[invi'tatsie]
gast (de)	oaspete (m)	[o'aspete]
op bezoek gaan	a merge în ospeţie	[a 'merdʒe in ospe'tsie]
gasten verwelkomen	a întâmpina oaspeţii	[a intimpi'na o'aspetsij]
geschenk, cadeau (het)	cadou (n)	[ka'dou]
geven (iets cadeau ~)	a dărui	[a dəru'i]
geschenken ontvangen	a primi cadouri	[a pri'mi ka'dourʲ]
boeket (het)	buchet (n)	[bu'ket]
felicitaties (mv.)	urare (f)	[u'rare]
feliciteren (ww)	a felicita	[a felitʃi'ta]
wenskaart (de)	felicitare (f)	[felitʃi'tare]
een kaartje versturen	a expedia o felicitare	[a ekspedi'ja o felitʃi'tare]
een kaartje ontvangen	a primi o felicitare	[a pri'mi o felitʃi'tare]
toast (de)	toast (n)	[tost]

| aanbieden (een drankje ~) | a servi | [a ser'vi] |
| champagne (de) | şampanie (f) | [ʃam'panie] |

plezier hebben (ww)	a se veseli	[a se vese'li]
plezier (het)	veselie (f)	[vese'lie]
vreugde (de)	bucurie (f)	[buku'rie]

| dans (de) | dans (n) | [dans] |
| dansen (ww) | a dansa | [a dan'sa] |

| wals (de) | vals (n) | [vals] |
| tango (de) | tangou (n) | [tan'gou] |

110. Begrafenissen. Begrafenis

kerkhof (het)	cimitir (n)	[tʃimi'tir]
graf (het)	mormânt (n)	[mor'mɨnt]
kruis (het)	cruce (f)	['krutʃe]
grafsteen (de)	piatră funerară (n)	['pjatrə fune'rarə]
omheining (de)	gard (n)	[gard]
kapel (de)	capelă (f)	[ka'pelə]

dood (de)	moarte (f)	[mo'arte]
sterven (ww)	a muri	[a mu'ri]
overledene (de)	mort (m)	[mort]
rouw (de)	doliu (n)	['dolju]

begraven (ww)	a îngropa	[a ɨngro'pa]
begrafenisonderneming (de)	pompe (f pl) funebre	['pompe fu'nebre]
begrafenis (de)	înmormântare (f)	[ɨnmormɨn'tare]

krans (de)	cunună (f)	[ku'nunə]
doodskist (de)	sicriu (n)	[si'kriu]
lijkwagen (de)	dric (n)	[drik]
lijkkleed (de)	giulgiu (n)	['ʤiulʤiu]

| urn (de) | urnă (f) funerară | ['urnə fune'rarə] |
| crematorium (het) | crematoriu (n) | [krema'torju] |

overlijdensbericht (het)	necrolog (m)	[nekro'log]
huilen (wenen)	a plânge	[a 'plɨnʤe]
snikken (huilen)	a plânge în hohote	[a 'plɨnʤe ɨn 'hohote]

111. Oorlog. Soldaten

peloton (het)	pluton (n)	[plu'ton]
compagnie (de)	companie (f)	[kompa'nie]
regiment (het)	regiment (n)	[reʤi'ment]
leger (armee)	armată (f)	[ar'matə]
divisie (de)	divizie (f)	[di'vizie]
sectie (de)	detaşament (n)	[detaʃa'ment]
troep (de)	armată (f)	[ar'matə]

| soldaat (militair) | soldat (m) | [sol'dat] |
| officier (de) | ofițer (m) | [ofi'tser] |

soldaat (rang)	soldat (m)	[sol'dat]
sergeant (de)	sergent (m)	[ser'dʒent]
luitenant (de)	locotenent (m)	[lokote'nent]
kapitein (de)	căpitan (m)	[kəpi'tan]
majoor (de)	maior (m)	[ma'jor]
kolonel (de)	colonel (m)	[kolo'nel]
generaal (de)	general (m)	[dʒene'ral]

matroos (de)	marinar (m)	[mari'nar]
kapitein (de)	căpitan (m)	[kəpi'tan]
bootsman (de)	șef (m) de echipaj	[ʃef de eki'paʒ]

artillerist (de)	artilerist (m)	[artile'rist]
valschermjager (de)	parașutist (m)	[paraʃu'tist]
piloot (de)	pilot (m)	[pi'lot]
stuurman (de)	navigator (m)	[naviga'tor]
mecanicien (de)	mecanic (m)	[me'kanik]

sappeur (de)	genist (m)	[dʒe'nist]
parachutist (de)	parașutist (m)	[paraʃu'tist]
verkenner (de)	cercetaș (m)	[tʃertʃe'taʃ]
scherpschutter (de)	lunetist (m)	[lune'tist]

patrouille (de)	patrulă (f)	[pa'trulə]
patrouilleren (ww)	a patrula	[a patru'la]
wacht (de)	santinelă (f)	[santi'nelə]

krijger (de)	ostaș (m)	[os'taʃ]
patriot (de)	patriot (m)	[patri'ot]
held (de)	erou (m)	[e'rou]
heldin (de)	eroină (f)	[ero'inə]

verrader (de)	trădător (m)	[trədə'tor]
deserteur (de)	dezertor (m)	[dezer'tor]
deserteren (ww)	a dezerta	[a dezer'ta]

huurling (de)	mercenar (m)	[mertʃe'nar]
rekruut (de)	recrut (m)	[re'krut]
vrijwilliger (de)	voluntar (m)	[volun'tar]

gedode (de)	ucis (m)	[u'tʃis]
gewonde (de)	rănit (m)	[rə'nit]
krijgsgevangene (de)	prizonier (m)	[prizo'njer]

112. Oorlog. Militaire acties. Deel 1

oorlog (de)	război (n)	[rəz'boj]
oorlog voeren (ww)	a lupta	[a lup'ta]
burgeroorlog (de)	război (n) civil	[rəz'boj tʃi'vil]
achterbaks (bw)	în mod perfid	[ɨn mod per'fid]
oorlogsverklaring (de)	declarare (f)	[dekla'rare]

verklaren (de oorlog ~)	a declara	[a dekla'ra]
agressie (de)	agresiune (f)	[agresi'une]
aanvallen (binnenvallen)	a ataca	[a ata'ka]
binnenvallen (ww)	a captura	[a kaptu'ra]
invaller (de)	cotropitor (m)	[kotropi'tor]
veroveraar (de)	cuceritor (m)	[kutʃeri'tor]
verdediging (de)	apărare (f)	[apə'rare]
verdedigen (je land ~)	a apăra	[a apə'ra]
zich verdedigen (ww)	a se apăra	[a se apə'ra]
vijand (de)	duşman (m)	[duʃ'man]
tegenstander (de)	adversar (m)	[adver'sar]
vijandelijk (bn)	duşmănos	[duʃmə'nos]
strategie (de)	strategie (f)	[strate'dʒie]
tactiek (de)	tactică (f)	['taktikə]
order (de)	ordin (n)	['ordin]
bevel (het)	comandă (f)	[ko'mandə]
bevelen (ww)	a ordona	[a ordo'na]
opdracht (de)	misiune (f)	[misi'une]
geheim (bn)	secret	[se'kret]
veldslag (de)	bătălie (f)	[bətə'lie]
strijd (de)	luptă (f)	['luptə]
aanval (de)	atac (n)	[a'tak]
bestorming (de)	asalt (n)	[a'salt]
bestormen (ww)	a asalta	[a asal'ta]
bezetting (de)	asediu (n)	[a'sedju]
aanval (de)	atac (n)	[a'tak]
in het offensief te gaan	a ataca	[a ata'ka]
terugtrekking (de)	retragere (f)	[re'tradʒere]
zich terugtrekken (ww)	a se retrage	[a se re'tradʒe]
omsingeling (de)	încercuire (f)	[intʃerku'ire]
omsingelen (ww)	a încercui	[a intʃerku'i]
bombardement (het)	bombardament (n)	[bombarda'ment]
een bom gooien	a arunca o bombă	[a arun'ka o 'bombə]
bombarderen (ww)	a bombarda	[a bombar'da]
ontploffing (de)	explozie (f)	[eks'plozie]
schot (het)	împuşcătură (f)	[impuʃkə'turə]
een schot lossen	a împuşca	[a impuʃ'ka]
schieten (het)	foc (n)	[fok]
mikken op (ww)	a ținti	[a tsin'ti]
aanleggen (een wapen ~)	a îndrepta	[a indrep'ta]
treffen (doelwit ~)	a nimeri	[a nime'ri]
zinken (tot zinken brengen)	a scufunda	[a skufun'da]
kogelgat (het)	gaură (f)	['gaurə]

zinken (gezonken zijn)	a se scufunda	[a se skufun'da]
front (het)	front (n)	[front]
evacuatie (de)	evacuare (f)	[evaku'are]
evacueren (ww)	a evacua	[a evaku'a]

loopgraaf (de)	tranşee (f)	[tran'ʃee]
prikkeldraad (de)	sârmă (f) ghimpată	['sɨrme gim'pate]
verdedigingsobstakel (het)	îngrădire (f)	[ɨngre'dire]
wachttoren (de)	turlă (f)	['turle]

hospitaal (het)	spital (n)	[spi'tal]
verwonden (ww)	a răni	[a re'ni]
wond (de)	rană (f)	['rane]
gewonde (de)	rănit (m)	[re'nit]
gewond raken (ww)	a fi rănit	[a fi re'nit]
ernstig (~e wond)	serios	[se'rjos]

113. Oorlog. Militaire acties. Deel 2

krijgsgevangenschap (de)	prizonierat (n)	[prizonie'rat]
krijgsgevangen nemen	a lua prizonier	[a lu'a prizo'njer]
krijgsgevangene zijn	a fi prizonier	[a fi prizo'njer]
krijgsgevangen genomen worden	a cădea prizonier	[a ke'dʲa prizo'njer]

concentratiekamp (het)	lagăr (n) de concentrare	['lager de kontʃen'trare]
krijgsgevangene (de)	prizonier (m)	[prizo'njer]
vluchten (ww)	a evada	[a eva'da]

verraden (ww)	a trăda	[a tre'da]
verrader (de)	trădător (m)	[trede'tor]
verraad (het)	trădare (f)	[tre'dare]

| fusilleren (executeren) | a împuşca | [a ɨmpuʃ'ka] |
| executie (de) | împuşcare (f) | [ɨmpuʃ'kare] |

uitrusting (de)	echipare (f)	[eki'pare]
schouderstuk (het)	epolet (m)	[epo'let]
gasmasker (het)	mască (f) de gaze	['maske de 'gaze]

portofoon (de)	staţie (f) de radio	['statsie de 'radio]
geheime code (de)	cifru (n)	['tʃifru]
samenzwering (de)	conspiraţie (f)	[konspi'ratsie]
wachtwoord (het)	parolă (f)	[pa'role]

mijn (landmijn)	mină (f)	['mine]
ondermijnen (legden mijnen)	a mina	[a mi'na]
mijnenveld (het)	câmp (n) minat	[kɨmp mi'nat]

luchtalarm (het)	alarmă (f) aeriană	[a'larme aeri'ane]
alarm (het)	alarmă (f)	[a'larme]
signaal (het)	semnal (n)	[sem'nal]
vuurpijl (de)	rachetă (f) de semnalizare	[ra'kete de semnali'zare]
staf (generale ~)	stat-major (n)	[stat ma'ʒor]

verkenning (de)	cercetare (f)	[tʃertʃe'tare]
toestand (de)	condiţii (f pl)	[kon'ditsij]
rapport (het)	raport (n)	[ra'port]
hinderlaag (de)	ambuscadă (f)	[ambus'kadə]
versterking (de)	întărire (f)	[intə'rire]
doel (bewegend ~)	ţintă (f)	['tsintə]
proefterrein (het)	poligon (n)	[poli'gon]
manoeuvres (mv.)	manevre (f pl)	[ma'nevre]
paniek (de)	panică (f)	['panikə]
verwoesting (de)	ruină (f)	[ru'inə]
verwoestingen (mv.)	distrugere (f)	[dis'trudʒere]
verwoesten (ww)	a distruge	[a dis'trudʒe]
overleven (ww)	a scăpa cu viaţă	[a skə'pa ku 'vjatsə]
ontwapenen (ww)	a dezarma	[a dezar'ma]
behandelen (een pistool ~)	a mânui	[a mɨnu'i]
Geeft acht!	Drepţi!	[drepts]
Op de plaats rust!	Pe loc repaus!	[pe lok re'paus]
heldendaad (de)	faptă (f) eroică	['faptə ero'ikə]
eed (de)	jurământ (n)	[ʒurə'mɨnt]
zweren (een eed doen)	a jura	[a ʒu'ra]
decoratie (de)	premiu (n)	['premju]
onderscheiden (een ereteken geven)	a premia	[a premi'ja]
medaille (de)	medalie (f)	[me'dalie]
orde (de)	ordin (n)	['ordin]
overwinning (de)	victorie (f)	[vik'torie]
verlies (het)	înfrângere (f)	[in'frɨndʒere]
wapenstilstand (de)	armistiţiu (n)	[armis'titsju]
wimpel (vaandel)	drapel (n)	[dra'pel]
roem (de)	glorie (f)	['glorie]
parade (de)	paradă (f)	[pa'radə]
marcheren (ww)	a mărşălui	[a mərʃəlu'i]

114. Wapens

wapens (mv.)	armă (f)	['armə]
vuurwapens (mv.)	armă (f) de foc	['armə de fok]
koude wapens (mv.)	armă (f) albă	['armə 'albə]
chemische wapens (mv.)	armă (f) chimică	['armə 'kimikə]
kern-, nucleair (bn)	nuclear	[nukle'ar]
kernwapens (mv.)	armă (f) nucleară	['armə nukle'arə]
bom (de)	bombă (f)	['bombə]
atoombom (de)	bombă (f) atomică	['bombə a'tomikə]
pistool (het)	pistol (n)	[pis'tol]

geweer (het)	armă (f)	['armə]
machinepistool (het)	automat (n)	[auto'mat]
machinegeweer (het)	mitralieră (f)	[mitra'ljerə]

loop (schietbuis)	gură (f)	['gurə]
loop (bijv. geweer met kortere ~)	ţeavă (f)	['ts'avə]
kaliber (het)	calibru (n)	[ka'libru]

trekker (de)	cocoş (m)	[ko'koʃ]
korrel (de)	înălţător (n)	[inəltsə'tor]
magazijn (het)	magazie (f)	[maga'zie]
geweerkolf (de)	patul (n) de puşcă	['patul de 'puʃka]

| granaat (handgranaat) | grenadă (f) | [gre'nadə] |
| explosieven (mv.) | exploziv (n) | [eksplo'ziv] |

kogel (de)	glonţ (n)	[glonts]
patroon (de)	cartuş (n)	[kar'tuʃ]
lading (de)	încărcătură (f)	[inkərkə'turə]
ammunitie (de)	muniţii (f pl)	[mu'nitsij]

bommenwerper (de)	bombardier (n)	[bombar'djer]
straaljager (de)	distrugător (n)	[distrugə'tor]
helikopter (de)	elicopter (n)	[elikop'ter]

afweergeschut (het)	tun (n) antiaerian	[tun antiaeri'an]
tank (de)	tanc (n)	[tank]
kanon (tank met een ~ van 76 mm)	tun (n)	[tun]

| artillerie (de) | artilerie (f) | [artile'rie] |
| aanleggen (een wapen ~) | a îndrepta | [a indrep'ta] |

projectiel (het)	proiectil (n)	[proek'til]
mortiergranaat (de)	mină (f)	['minə]
mortier (de)	aruncător (n) de mine	[arunkə'tor de 'mine]
granaatscherf (de)	schijă (f)	['skiʒə]

duikboot (de)	submarin (n)	[subma'rin]
torpedo (de)	torpilă (f)	[tor'pilə]
raket (de)	rachetă (f)	[ra'ketə]

| laden (geweer, kanon) | a încărca | [a inkər'ka] |
| schieten (ww) | a trage | [a 'tradʒə] |

| richten op (mikken) | a ţinti | [a tsin'ti] |
| bajonet (de) | baionetă (f) | [bajo'netə] |

degen (de)	spadă (f)	['spadə]
sabel (de)	sabie (f)	['sabie]
speer (de)	suliţă (f)	['sulitsə]
boog (de)	arc (n)	[ark]
pijl (de)	săgeată (f)	[sə'dʒ'atə]
musket (de)	flintă (f)	['flintə]
kruisboog (de)	arbaletă (f)	[arba'letə]

115. Oude mensen

primitief (bn)	primitiv	[primi'tiv]
voorhistorisch (bn)	preistoric	[preis'torik]
eeuwenoude (~ beschaving)	străvechi	[strə'veki]
Steentijd (de)	Epoca (f) de piatră	['epoka de 'pjatrə]
Bronstijd (de)	Epoca (f) de bronz	['epoka de 'bronz]
IJstijd (de)	Epoca (f) glaciară	['epoka glatʃi'arə]
stam (de)	trib (n)	[trib]
menseneter (de)	canibal (m)	[kani'bal]
jager (de)	vânător (m)	[vɨnə'tor]
jagen (ww)	a vâna	[a vɨ'na]
mammoet (de)	mamut (m)	[ma'mut]
grot (de)	peșteră (f)	['peʃterə]
vuur (het)	foc (n)	[fok]
kampvuur (het)	foc (n) de tabără	[fok də ta'bərə]
rotstekening (de)	desen (n) pe piatră	[de'sen pe 'pjatrə]
werkinstrument (het)	unealtă (f)	[u'nʲaltə]
speer (de)	suliță (f)	['sulitsə]
stenen bijl (de)	topor (n) de piatră	[to'por din 'pjatrə]
oorlog voeren (ww)	a lupta	[a lup'ta]
temmen (bijv. wolf ~)	a domestici	[a domesti'tʃi]
idool (het)	idol (m)	['idol]
aanbidden (ww)	a se închina	[a se ɨnki'na]
bijgeloof (het)	superstiție (f)	[supers'titsie]
evolutie (de)	evoluție (f)	[evo'lutsie]
ontwikkeling (de)	dezvoltare (f)	[dezvol'tare]
verdwijning (de)	dispariție (f)	[dispa'ritsie]
zich aanpassen (ww)	a se acomoda	[a se akomo'da]
archeologie (de)	arheologie (f)	[arheolo'dʒie]
archeoloog (de)	arheolog (m)	[arheo'log]
archeologisch (bn)	arheologic	[arheo'lodʒik]
opgravingsplaats (de)	săpături (f pl)	[səpə'turʲ]
opgravingen (mv.)	săpături (f pl)	[səpə'turʲ]
vondst (de)	descoperire (f)	[deskope'rire]
fragment (het)	fragment (n)	[frag'ment]

116. Middeleeuwen

volk (het)	popor (n)	[po'por]
volkeren (mv.)	popoare (n pl)	[popo'are]
stam (de)	trib (n)	[trib]
stammen (mv.)	triburi (n pl)	['triburʲ]
barbaren (mv.)	barbari (m pl)	[bar'barʲ]
Galliërs (mv.)	gali (m pl)	[galʲ]

Goten (mv.)	goți (m pl)	[gotsʲ]
Slaven (mv.)	slavi (m pl)	[slavʲ]
Vikings (mv.)	vikingi (m pl)	['vikindʒʲ]

| Romeinen (mv.) | romani (m pl) | [ro'manʲ] |
| Romeins (bn) | roman | [ro'man] |

Byzantijnen (mv.)	bizantinieni (m pl)	[bizantini'enʲ]
Byzantium (het)	Imperiul (n) Bizantin	[im'perjul bizan'tin]
Byzantijns (bn)	bizantin	[bizan'tin]

keizer (bijv. Romeinse ~)	împărat (m)	[ɨmpə'rat]
opperhoofd (het)	căpetenie (f)	[kəpe'tenie]
machtig (bn)	puternic	[pu'ternik]
koning (de)	rege (m)	['redʒe]
heerser (de)	conducător (m)	[konduke'tor]

ridder (de)	cavaler (m)	[kava'ler]
feodaal (de)	feudal (m)	[feu'dal]
feodaal (bn)	feudal	[feu'dal]
vazal (de)	vasal (m)	[va'sal]

hertog (de)	duce (m)	['dutʃe]
graaf (de)	conte (m)	['konte]
baron (de)	baron (m)	[ba'ron]
bisschop (de)	episcop (m)	[e'piskop]

harnas (het)	armură (f)	[ar'murə]
schild (het)	scut (n)	[skut]
zwaard (het)	sabie (f)	['sabie]
vizier (het)	vizieră (f)	[vi'zjerə]
maliënkolder (de)	zale (f pl)	['zale]

| kruistocht (de) | cruciadă (f) | [krutʃi'adə] |
| kruisvaarder (de) | cruciat (m) | [krutʃi'at] |

gebied (bijv. bezette ~en)	teritoriu (n)	[teri'torju]
aanvallen (binnenvallen)	a ataca	[a ata'ka]
veroveren (ww)	a cuceri	[a kutʃe'ri]
innemen (binnenvallen)	a cotropi	[a kotro'pi]

bezetting (de)	asediu (n)	[a'sedju]
belegerd (bn)	asediat (m)	[asedi'at]
belegeren (ww)	a asedia	[a asedi'a]

inquisitie (de)	inchiziție (f)	[inki'zitsie]
inquisiteur (de)	inchizitor (m)	[inkizi'tor]
foltering (de)	tortură (f)	[tor'turə]
wreed (bn)	crud	[krud]
ketter (de)	eretic (m)	[e'retik]
ketterij (de)	erezie (f)	[ere'zie]

zeevaart (de)	navigație (f) maritimă	[navi'gatsie ma'ritime]
piraat (de)	pirat (m)	[pi'rat]
piraterij (de)	piraterie (f)	[pirate'rie]
enteren (het)	abordaj (n)	[abor'daʒ]

| buit (de) | captură (f) | [kap'turə] |
| schatten (mv.) | comoară (f) | [komo'arə] |

ontdekking (de)	descoperire (f)	[deskope'rire]
ontdekken (bijv. nieuw land)	a descoperi	[a deskope'ri]
expeditie (de)	expediţie (f)	[ekspe'ditsie]

musketier (de)	muşchetar (m)	[muʃke'tar]
kardinaal (de)	cardinal (m)	[kardi'nal]
heraldiek (de)	heraldică (f)	[he'raldikə]
heraldisch (bn)	heraldic	[he'raldik]

117. Leider. Baas. Autoriteiten

koning (de)	rege (m)	['redʒe]
koningin (de)	regină (f)	[re'dʒinə]
koninklijk (bn)	regal	[re'gal]
koninkrijk (het)	regat (n)	[re'gat]

| prins (de) | prinţ (m) | [prints] |
| prinses (de) | prinţesă (f) | [prin'tsesə] |

president (de)	preşedinte (m)	[preʃe'dinte]
vicepresident (de)	vice-preşedinte (m)	['vitʃe preʃe'dinte]
senator (de)	senator (m)	[sena'tor]

monarch (de)	monarh (m)	[mo'narh]
heerser (de)	conducător (m)	[konduke'tor]
dictator (de)	dictator (m)	[dikta'tor]
tiran (de)	tiran (m)	[ti'ran]
magnaat (de)	magnat (m)	[mag'nat]

directeur (de)	director (m)	[di'rektor]
chef (de)	şef (m)	[ʃef]
beheerder (de)	manager (m)	['menedʒə]
baas (de)	boss (m)	[bos]
eigenaar (de)	patron (m)	[pa'tron]

hoofd (bijv. ~ van de delegatie)	şef (m)	[ʃef]
autoriteiten (mv.)	autorităţi (f pl)	[autoritətsʲ]
superieuren (mv.)	conducere (f)	[kon'dutʃere]

gouverneur (de)	guvernator (m)	[guverna'tor]
consul (de)	consul (m)	['konsul]
diplomaat (de)	diplomat (m)	[diplo'mat]

| burgemeester (de) | primar (m) | [pri'mar] |
| sheriff (de) | şerif (m) | [ʃe'rif] |

keizer (bijv. Romeinse ~)	împărat (m)	[impə'rat]
tsaar (de)	ţar (m)	[tsar]
farao (de)	faraon (m)	[fara'on]
kan (de)	han (m)	[han]

118. De wet overtreden. Criminelen. Deel 1

bandiet (de)	bandit (m)	[ban'dit]
misdaad (de)	crimă (f)	['krimə]
misdadiger (de)	criminal (m)	[krimi'nal]
dief (de)	hoţ (m)	[hots]
stelen (ww)	a fura	[a fu'ra]
stelen (de)	hoţie (f)	[ho'tsie]
diefstal (de)	furt (n)	[furt]
kidnappen (ww)	a răpi	[a rə'pi]
kidnapping (de)	răpire (f)	[rə'pire]
kidnapper (de)	răpitor (m)	[rəpi'tor]
losgeld (het)	răscumpărare (f)	[rəskumpə'rare]
eisen losgeld (ww)	a cere răscumpărare	[a 'tʃere rəskumpə'rare]
overvallen (ww)	a jefui	[a ʒefu'i]
overval (de)	jaf (n)	[ʒaf]
overvaller (de)	jefuitor (m)	[ʒefui'tor]
afpersen (ww)	a escroca	[a eskro'ka]
afperser (de)	escroc (m)	[es'krok]
afpersing (de)	escrocherie (f)	[eskroke'rie]
vermoorden (ww)	a ucide	[a u'tʃide]
moord (de)	asasinat (n)	[asasi'nat]
moordenaar (de)	asasin (m)	[asa'sin]
schot (het)	împuşcătură (f)	[impuʃkə'turə]
een schot lossen	a împuşca	[a împuʃ'ka]
neerschieten (ww)	a împuşca	[a împuʃ'ka]
schieten (ww)	a trage	[a 'tradʒe]
schieten (het)	focuri (n) de armă	['fokurʲ de 'armə]
ongeluk (gevecht, enz.)	întâmplare (f)	[întim'plare]
gevecht (het)	bătaie (f)	[bə'tae]
slachtoffer (het)	jertfă (f)	['ʒertfə]
beschadigen (ww)	a prejudicia	[a preʒuditʃi'a]
schade (de)	daună (f)	['daunə]
lijk (het)	cadavru (n)	[ka'davru]
zwaar (~ misdrijf)	grav	[grav]
aanvallen (ww)	a ataca	[a ata'ka]
slaan (iemand ~)	a bate	[a 'bate]
in elkaar slaan (toetakelen)	a snopi în bătăi	[a sno'pi în bətəj]
ontnemen (beroven)	a lua	[a lu'a]
steken (met een mes)	a înjunghia	[a inʒungi'ja]
verminken (ww)	a schilodi	[a skilo'di]
verwonden (ww)	a răni	[a rə'ni]
chantage (de)	şantaj (n)	[ʃan'taʒ]
chanteren (ww)	a şantaja	[a ʃanta'ʒa]

chanteur (de)	şantajist (m)	[ʃanta'ʒist]
afpersing (de)	banditism (n)	[bandi'tizm]
afperser (de)	bandit (m)	[ban'dit]
gangster (de)	gangster (m)	['gangster]
maffia (de)	mafie (f)	['mafie]
kruimeldief (de)	hoţ (m) de buzunare	[hots de buzu'nare]
inbreker (de)	spărgător (m)	[sperge'tor]
smokkelen (het)	contrabandă (f)	[kontra'bande]
smokkelaar (de)	contrabandist (m)	[kontraban'dist]
namaak (de)	falsificare (f)	[falsifi'kare]
namaken (ww)	a falsifica	[a falsifi'ka]
namaak-, vals (bn)	fals	[fals]

119. De wet overtreden. Criminelen. Deel 2

verkrachting (de)	viol (n)	[vi'ol]
verkrachten (ww)	a viola	[a vio'la]
verkrachter (de)	violator (m)	[viola'tor]
maniak (de)	maniac (m)	[mani'ak]
prostituee (de)	prostituată (f)	[prostitu'ate]
prostitutie (de)	prostituţie (f)	[prosti'tutsie]
pooier (de)	proxenet (m)	[prokse'net]
drugsverslaafde (de)	narcoman (m)	[narko'man]
drugshandelaar (de)	vânzător (m) de droguri	[vinze'tor de 'droguri]
opblazen (ww)	a arunca în aer	[a arun'ka in 'aer]
explosie (de)	explozie (f)	[eks'plozie]
in brand steken (ww)	a incendia	[a intʃendi'a]
brandstichter (de)	incendiator (m)	[intʃendia'tor]
terrorisme (het)	terorism (n)	[tero'rism]
terrorist (de)	terorist (m)	[tero'rist]
gijzelaar (de)	ostatic (m)	[os'tatik]
bedriegen (ww)	a înşela	[a inʃe'la]
bedrog (het)	înşelăciune (f)	[inʃele'tʃiune]
oplichter (de)	şarlatan (m)	[ʃarla'tan]
omkopen (ww)	a mitui	[a mitu'i]
omkoperij (de)	mituire (f)	[mitu'ire]
smeergeld (het)	mită (f)	['mite]
vergif (het)	otravă (f)	[o'trave]
vergiftigen (ww)	a otrăvi	[a otre'vi]
vergif innemen (ww)	a se otrăvi	[a se otre'vi]
zelfmoord (de)	sinucidere (f)	[sinu'tʃidere]
zelfmoordenaar (de)	sinucigaş (m)	[sinutʃi'gaʃ]
bedreigen (bijv. met een pistool)	a ameninţa	[a amenin'tsa]

bedreiging (de)	ameninţare (f)	[amenin'tsare]
een aanslag plegen	a atenta la	[a aten'ta la]
aanslag (de)	atentat (n)	[aten'tat]

| stelen (een auto) | a goni | [a go'ni] |
| kapen (een vliegtuig) | a goni | [a go'ni] |

| wraak (de) | răzbunare (f) | [rəzbu'nare] |
| wreken (ww) | a răzbuna | [a rəzbu'na] |

martelen (gevangenen)	a tortura	[a tortu'ra]
foltering (de)	tortură (f)	[tor'turə]
folteren (ww)	a chinui	[a kinu'i]

piraat (de)	pirat (m)	[pi'rat]
straatschender (de)	huligan (m)	[huli'gan]
gewapend (bn)	înarmat	[inar'mat]
geweld (het)	violenţă (f)	[vio'lentsə]

| spionage (de) | spionaj (n) | [spio'naʒ] |
| spioneren (ww) | a spiona | [a spio'na] |

120. Politie. Wet. Deel 1

| justitie (de) | justiţie (f) | [ʒus'titsie] |
| gerechtshof (het) | curte (f) | ['kurte] |

rechter (de)	judecător (m)	[ʒudekə'tor]
jury (de)	juraţi (m pl)	[ʒu'ratsʲ]
juryrechtspraak (de)	curte (f) de juraţi	['kurte de ʒu'ratsʲ]
berechten (ww)	a judeca	[a ʒude'ka]

advocaat (de)	avocat (m)	[avo'kat]
beklaagde (de)	acuzat (m)	[aku'zat]
beklaagdenbank (de)	banca (f) acuzaţilor	['banka aku'zatsilor]

| beschuldiging (de) | învinuire (f) | [invinu'ire] |
| beschuldigde (de) | învinuit (m) | [invinu'it] |

| vonnis (het) | verdict (n) | [ver'dikt] |
| veroordelen (in een rechtszaak) | a condamna | [a kondam'na] |

schuldige (de)	vinovat (m)	[vino'vat]
straffen (ww)	a pedepsi	[a pedep'si]
bestraffing (de)	pedeapsă (f)	[pe'dʲapsə]

boete (de)	amendă (f)	[a'mendə]
levenslange opsluiting (de)	închisoare (f) pe viaţă	[inkiso'are pe 'vjatsə]
doodstraf (de)	pedeapsă (f) capitală	[pe'dʲapsə kapi'talə]
elektrische stoel (de)	scaun (n) electric	['skaun e'lektrik]
schavot (het)	spânzurătoare (f)	[spinzurəto'are]
executeren (ww)	a executa	[a egzeku'ta]
executie (de)	execuţie (f)	[egze'kutsie]

gevangenis (de)	închisoare (f)	[ɨnkiso'are]
cel (de)	cameră (f)	['kamerə]

konvooi (het)	convoi (n)	[kon'voj]
gevangenisbewaker (de)	paznic (m)	['paznik]
gedetineerde (de)	arestat (m)	[ares'tat]

handboeien (mv.)	cătuşe (f pl)	[kə'tuʃə]
handboeien omdoen	a pune cătuşele	[a 'pune kə'tuʃəle]

ontsnapping (de)	evadare (f)	[eva'dare]
ontsnappen (ww)	a evada	[a eva'da]
verdwijnen (ww)	a dispărea	[a dispe'rʲa]
vrijlaten (uit de gevangenis)	a elibera	[a elibe'ra]
amnestie (de)	amnistie (f)	[am'nistie]

politie (de)	poliţie (f)	[po'litsie]
politieagent (de)	poliţist (m)	[poli'tsist]
politiebureau (het)	secţie (f) de poliţie	['sektsie de po'litsie]
knuppel (de)	baston (n) de cauciuc	[bas'ton de kau'tʃiuk]
megafoon (de)	portavoce (f)	[porta'votʃe]

patrouilleerwagen (de)	maşină (f) de patrulă	[ma'ʃine de pa'trulə]
sirene (de)	sirenă (f)	[si'rene]
de sirene aansteken	a conecta sirena	[a konek'ta si'rena]
geloei (het) van de sirene	alarma (f) sirenei	[a'larma si'renej]

plaats delict (de)	locul (n) faptei	['lokul 'faptej]
getuige (de)	martor (m)	['martor]
vrijheid (de)	libertate (f)	[liber'tate]
handlanger (de)	complice (m)	[kom'plitʃe]
ontvluchten (ww)	a se ascunde	[a se as'kunde]
spoor (het)	urmă (f)	['urmə]

121. Politie. Wet. Deel 2

opsporing (de)	investigaţie (f)	[investi'gatsie]
opsporen (ww)	a căuta	[a kəu'ta]
verdenking (de)	suspiciune (f)	[suspitʃi'une]
verdacht (bn)	suspect	[sus'pekt]
aanhouden (stoppen)	a opri	[a op'ri]
tegenhouden (ww)	a reţine	[a re'tsine]

strafzaak (de)	dosar (n)	[do'sar]
onderzoek (het)	anchetă (f)	[an'ketə]
detective (de)	detectiv (m)	[detek'tiv]
onderzoeksrechter (de)	anchetator (m)	[anketa'tor]
versie (de)	versiune (f)	[versi'une]

motief (het)	motiv (n)	[mo'tiv]
verhoor (het)	interogatoriu (n)	[interoga'torju]
ondervragen (door de politie)	a interoga	[a intero'ga]
ondervragen (omstanders ~)	a audia	[a audi'a]
controle (de)	verificare (f)	[verifi'kare]

razzia (de)	razie (f)	['razie]
huiszoeking (de)	percheziție (f)	[perke'zitsie]
achtervolging (de)	urmărire (f)	[urmə'rire]
achtervolgen (ww)	a urmări	[a urmə'ri]
opsporen (ww)	a urmări	[a urmə'ri]
arrest (het)	arestare (f)	[ares'tare]
arresteren (ww)	a aresta	[a ares'ta]
vangen, aanhouden (een dief, enz.)	a prinde	[a 'prinde]
aanhouding (de)	prindere (f)	['prindere]
document (het)	act (n)	[akt]
bewijs (het)	dovadă (f)	[do'vadə]
bewijzen (ww)	a dovedi	[a dove'di]
voetspoor (het)	amprentă (f)	[am'prentə]
vingerafdrukken (mv.)	amprente (f pl) digitale	[am'prente didʒi'tale]
bewijs (het)	probă (f)	['probə]
alibi (het)	alibi (n)	['alibi]
onschuldig (bn)	nevinovat (m)	[nevino'vat]
onrecht (het)	nedreptate (f)	[nedrep'tate]
onrechtvaardig (bn)	nedrept	[ne'drept]
crimineel (bn)	criminal (m)	[krimi'nal]
confisqueren (in beslag nemen)	a confisca	[a konfis'ka]
drug (de)	narcotic (n)	[nar'kotik]
wapen (het)	armă (f)	['armə]
ontwapenen (ww)	a dezarma	[a dezar'ma]
bevelen (ww)	a ordona	[a ordo'na]
verdwijnen (ww)	a dispărea	[a dispə'rʲa]
wet (de)	lege (f)	['ledʒe]
wettelijk (bn)	legal	[le'gal]
onwettelijk (bn)	ilegal	[ile'gal]
verantwoordelijkheid (de)	responsabilitate (f)	[responsabili'tate]
verantwoordelijk (bn)	responsabil	[respon'sabil]

NATUUR

De Aarde. Deel 1

122. De kosmische ruimte

kosmos (de)	cosmos (n)	['kosmos]
kosmisch (bn)	cosmic	['kosmik]
kosmische ruimte (de)	spaţiu (n) cosmic	['spatsju 'kosmik]
sterrenstelsel (het)	galaxie (f)	[galak'sie]
ster (de)	stea (f)	[st'a]
sterrenbeeld (het)	constelaţie (f)	[konste'latsie]
planeet (de)	planetă (f)	[pla'netə]
satelliet (de)	satelit (m)	[sate'lit]
meteoriet (de)	meteorit (m)	[meteo'rit]
komeet (de)	cometă (f)	[ko'metə]
asteroïde (de)	asteroid (m)	[astero'id]
baan (de)	orbită (f)	[or'bitə]
draaien (om de zon, enz.)	a se roti	[a se ro'ti]
atmosfeer (de)	atmosferă (f)	[atmos'ferə]
Zon (de)	soare (n)	[so'are]
zonnestelsel (het)	sistem (n) solar	[sis'tem so'lar]
zonsverduistering (de)	eclipsă (f) de soare	[ek'lipsə de so'are]
Aarde (de)	Pământ (n)	[pə'mint]
Maan (de)	Lună (f)	['lunə]
Mars (de)	Marte (m)	['marte]
Venus (de)	Venus (f)	['venus]
Jupiter (de)	Jupiter (m)	['ʒupiter]
Saturnus (de)	Saturn (m)	[sa'turn]
Mercurius (de)	Mercur (m)	[mer'kur]
Uranus (de)	Uranus (m)	[u'ranus]
Neptunus (de)	Neptun (m)	[nep'tun]
Pluto (de)	Pluto (m)	['pluto]
Melkweg (de)	Calea (f) Lactee	['kal'a lak'tee]
Grote Beer (de)	Ursa (f) mare	['ursa 'mare]
Poolster (de)	Steaua (f) polară	['st'awa po'larə]
marsmannetje (het)	marţian (m)	[martsi'an]
buitenaards wezen (het)	extraterestru (m)	[ekstrate'restru]
bovenaards (het)	extraterestru (m)	[ekstrate'restru]

vliegende schotel (de)	farfurie (f) zburătoare	[farfu'rie zburəto'are]
ruimtevaartuig (het)	navă (f) spaţială	['navə spatsi'alə]
ruimtestation (het)	staţie (f) orbitală	['statsie orbi'talə]
start (de)	start (n)	[start]

motor (de)	motor (n)	[mo'tor]
straalpijp (de)	ajutaj (n)	[aʒu'taʒ]
brandstof (de)	combustibil (m)	[kombus'tibil]

| cabine (de) | cabină (f) | [ka'binə] |
| antenne (de) | antenă (f) | [an'tenə] |

patrijspoort (de)	hublou (n)	[hu'blou]
zonnebatterij (de)	baterie (f) solară	[bate'rie so'larə]
ruimtepak (het)	scafandru (m)	[ska'fandru]

| gewichtloosheid (de) | imponderabilitate (f) | [imponderabili'tate] |
| zuurstof (de) | oxigen (n) | [oksi'dʒen] |

| koppeling (de) | unire (f) | [u'nire] |
| koppeling maken | a uni | [a u'ni] |

| observatorium (het) | observator (n) astronomic | [observa'tor astro'nomik] |
| telescoop (de) | telescop (n) | [tele'skop] |

| waarnemen (ww) | a observa | [a obser'va] |
| exploreren (ww) | a cerceta | [a tʃertʃe'ta] |

123. De Aarde

Aarde (de)	Pământ (n)	[pə'mɨnt]
aardbol (de)	globul (n) pământesc	['globul pəmɨn'tesk]
planeet (de)	planetă (f)	[pla'netə]

atmosfeer (de)	atmosferă (f)	[atmos'ferə]
aardrijkskunde (de)	geografie (f)	[dʒeogra'fie]
natuur (de)	natură (f)	[na'turə]

wereldbol (de)	glob (n)	[glob]
kaart (de)	hartă (f)	['hartə]
atlas (de)	atlas (n)	[at'las]

| Europa (het) | Europa (f) | [eu'ropa] |
| Azië (het) | Asia (f) | ['asia] |

| Afrika (het) | Africa (f) | ['afrika] |
| Australië (het) | Australia (f) | [au'stralia] |

Amerika (het)	America (f)	[a'merika]
Noord-Amerika (het)	America (f) de Nord	[a'merika de nord]
Zuid-Amerika (het)	America (f) de Sud	[a'merika de sud]

| Antarctica (het) | Antarctida (f) | [antark'tida] |
| Arctis (de) | Arctica (f) | ['arktika] |

124. Windrichtingen

noorden (het)	nord (n)	[nord]
naar het noorden	la nord	[la nord]
in het noorden	la nord	[la nord]
noordelijk (bn)	de nord	[de nord]
zuiden (het)	sud (n)	[sud]
naar het zuiden	la sud	[la sud]
in het zuiden	la sud	[la sud]
zuidelijk (bn)	de sud	[de sud]
westen (het)	vest (n)	[vest]
naar het westen	la vest	[la vest]
in het westen	la vest	[la vest]
westelijk (bn)	de vest	[de vest]
oosten (het)	est (n)	[est]
naar het oosten	la est	[la est]
in het oosten	la est	[la est]
oostelijk (bn)	de est	[de est]

125. Zee. Oceaan

zee (de)	mare (f)	['mare]
oceaan (de)	ocean (n)	[otʃə'an]
golf (baai)	golf (n)	[golf]
straat (de)	strâmtoare (f)	[strimto'are]
continent (het)	continent (n)	[konti'nent]
eiland (het)	insulă (f)	['insulə]
schiereiland (het)	peninsulă (f)	[pe'ninsulə]
archipel (de)	arhipelag (n)	[arhipe'lag]
baai, bocht (de)	golf (n)	[golf]
haven (de)	port (n)	[port]
lagune (de)	lagună (f)	[la'gunə]
kaap (de)	cap (n)	[kap]
atol (de)	atol (m)	[a'tol]
rif (het)	recif (m)	[re'tʃif]
koraal (het)	coral (m)	[ko'ral]
koraalrif (het)	recif (m) de corali	[re'tʃif de ko'ralʲ]
diep (bn)	adânc	[a'dink]
diepte (de)	adâncime (f)	[adin'tʃime]
diepzee (de)	abis (n)	[a'bis]
trog (bijv. Marianentrog)	groapă (f)	[gro'apə]
stroming (de)	curent (n)	[ku'rent]
omspoelen (ww)	a spăla	[a spə'la]
oever (de)	mal (n)	[mal]
kust (de)	litoral (n)	[lito'ral]

vloed (de)	flux (n)	[fluks]
eb (de)	reflux (n)	[re'fluks]
ondiepte (ondiep water)	banc (n) de nisip	[bank de ni'sip]
bodem (de)	fund (n)	[fund]
golf (hoge ~)	val (n)	[val]
golfkam (de)	creasta (f) valului	['krʲasta 'valuluj]
schuim (het)	spumă (f)	['spumə]
orkaan (de)	uragan (m)	[ura'gan]
tsunami (de)	tsunami (n)	[ʦu'nami]
windstilte (de)	timp (n) calm	[timp kalm]
kalm (bijv. ~e zee)	liniştit	[liniʃ'tit]
pool (de)	pol (n)	[pol]
polair (bn)	polar	[po'lar]
breedtegraad (de)	longitudine (f)	[londʒi'tudine]
lengtegraad (de)	latitudine (f)	[lati'tudine]
parallel (de)	paralelă (f)	[para'lelə]
evenaar (de)	ecuator (n)	[ekua'tor]
hemel (de)	cer (n)	[ʧer]
horizon (de)	orizont (n)	[ori'zont]
lucht (de)	aer (n)	['aer]
vuurtoren (de)	far (n)	[far]
duiken (ww)	a se scufunda	[a se skufun'da]
zinken (ov. een boot)	a se duce la fund	[a se duʧe lʲa fund]
schatten (mv.)	comoară (f)	[komo'arə]

126. Namen van zeeën en oceanen

Atlantische Oceaan (de)	Oceanul (n) Atlantic	[oʧe'anul at'lantik]
Indische Oceaan (de)	Oceanul (n) Indian	[oʧe'anul indi'an]
Stille Oceaan (de)	Oceanul (n) Pacific	[oʧe'anul pa'ʧifik]
Noordelijke IJszee (de)	Oceanul (n) Îngheţat de Nord	[oʧe'anul inge'ʦat de nord]
Zwarte Zee (de)	Marea (f) Neagră	['marʲa 'nʲagrə]
Rode Zee (de)	Marea (f) Roşie	['marʲa 'roʃie]
Gele Zee (de)	Marea (f) Galbenă	['marʲa 'galbenə]
Witte Zee (de)	Marea (f) Albă	['marʲa 'albə]
Kaspische Zee (de)	Marea (f) Caspică	['marʲa 'kaspikə]
Dode Zee (de)	Marea (f) Moartă	['marʲa mo'artə]
Middellandse Zee (de)	Marea (f) Mediterană	['marʲa medite'ranə]
Egeïsche Zee (de)	Marea (f) Egee	['marʲa e'dʒee]
Adriatische Zee (de)	Marea (f) Adriatică	['marʲa adri'atikə]
Arabische Zee (de)	Marea (f) Arabiei	['marʲa a'rabiej]
Japanse Zee (de)	Marea (f) Japoneză	['marʲa ʒapo'nezə]
Beringzee (de)	Marea (f) Bering	['marʲa 'bering]

Zuid-Chinese Zee (de)	Marea (f) Chinei de Sud	['marʲa 'kinej de sud]
Koraalzee (de)	Marea (f) Coral	['marʲa ko'ral]
Tasmanzee (de)	Marea (f) Tasmaniei	['marʲa tas'maniej]
Caribische Zee (de)	Marea (f) Caraibelor	['marʲa kara'ibelor]
Barentszzee (de)	Marea (f) Barents	['marʲa ba'rents]
Karische Zee (de)	Marea (f) Kara	['marʲa 'kara]
Noordzee (de)	Marea (f) Nordului	['marʲa 'norduluj]
Baltische Zee (de)	Marea (f) Baltică	['marʲa 'baltikə]
Noorse Zee (de)	Marea (f) Norvegiei	['marʲa nor'vedʒiej]

127. Bergen

berg (de)	munte (m)	['munte]
bergketen (de)	lanţ (n) muntos	[lants mun'tos]
gebergte (het)	lanţ (n) de munţi	[lants de munts]
bergtop (de)	vârf (n)	[vɨrf]
bergpiek (de)	culme (f)	['kulme]
voet (ov. de berg)	poale (f pl)	[po'ale]
helling (de)	pantă (f)	['pante]
vulkaan (de)	vulcan (n)	[vul'kan]
actieve vulkaan (de)	vulcan (n) activ	[vul'kan ak'tiv]
uitgedoofde vulkaan (de)	vulcan (n) stins	[vul'kan stins]
uitbarsting (de)	erupţie (f)	[e'ruptsie]
krater (de)	crater (n)	['krater]
magma (het)	magmă (f)	['magme]
lava (de)	lavă (f)	['lave]
gloeiend (~e lava)	încins	[ɨn'tʃins]
kloof (canyon)	canion (n)	[kani'on]
bergkloof (de)	defileu (n)	[defi'leu]
spleet (de)	pas (n)	[pas]
bergpas (de)	trecătoare (f)	[trekəto'are]
plateau (het)	podiş (n)	[po'diʃ]
klip (de)	stâncă (f)	['stɨnke]
heuvel (de)	deal (n)	['dʲal]
gletsjer (de)	gheţar (m)	[ge'tsar]
waterval (de)	cascadă (f)	[kas'kade]
geiser (de)	gheizer (m)	['gejzer]
meer (het)	lac (n)	[lak]
vlakte (de)	şes (n)	[ʃes]
landschap (het)	peisaj (n)	[pej'saʒ]
echo (de)	ecou (n)	[e'kou]
alpinist (de)	alpinist (m)	[alpi'nist]
bergbeklimmer (de)	căţărător (m)	[kətsərə'tor]
trotseren (berg ~)	a cuceri	[a kutʃe'ri]
beklimming (de)	ascensiune (f)	[astʃensi'une]

128. Bergen namen

Alpen (de)	Alpi (m pl)	['alpʲ]
Mont Blanc (de)	Mont Blanc (m)	[mon 'blan]
Pyreneeën (de)	Pirinei (m)	[piri'nej]
Karpaten (de)	Carpaţi (m pl)	[kar'patsʲ]
Oeralgebergte (het)	Munţii (m pl) Ural	['muntsij u'ral]
Kaukasus (de)	Caucaz (m)	[kau'kaz]
Elbroes (de)	Elbrus (m)	['elbrus]
Altaj (de)	Altai (m)	[al'taj]
Tiensjan (de)	Tian-Şan (m)	['tjan 'ʃan]
Pamir (de)	Pamir (m)	[pa'mir]
Himalaya (de)	Himalaya	[hima'laja]
Everest (de)	Everest (m)	[eve'rest]
Andes (de)	Anzi	['anzʲ]
Kilimanjaro (de)	Kilimanjaro (m)	[kiliman'ʒaro]

129. Rivieren

rivier (de)	râu (n)	['rɨu]
bron (~ van een rivier)	izvor (n)	[iz'vor]
rivierbedding (de)	matcă (f)	['matkə]
rivierbekken (het)	bazin (n)	[ba'zin]
uitmonden in ...	a se vărsa	[a se vər'sa]
zijrivier (de)	afluent (m)	[aflu'ent]
oever (de)	mal (n)	[mal]
stroming (de)	curs (n)	[kurs]
stroomafwaarts (bw)	în josul apei	[ɨn 'ʒosul 'apej]
stroomopwaarts (bw)	în susul apei	[ɨn 'susul 'apej]
overstroming (de)	inundaţie (f)	[inun'datsie]
overstroming (de)	revărsare (f) a apelor	[rever'sare a 'apelor]
buiten zijn oevers treden	a se revărsa	[a se rever'sa]
overstromen (ww)	a inunda	[a inun'da]
zandbank (de)	banc (n) de nisip	[bank de ni'sip]
stroomversnelling (de)	prag (n)	[prag]
dam (de)	baraj (n)	[ba'raʒ]
kanaal (het)	canal (n)	[ka'nal]
spaarbekken (het)	bazin (n)	[ba'zin]
sluis (de)	ecluză (f)	[e'kluzə]
waterlichaam (het)	bazin (n)	[ba'zin]
moeras (het)	mlaştină (f)	['mlaʃtinə]
broek (het)	mlaştină (f), smârc (n)	['mlaʃtinə], [smɨrk]
draaikolk (de)	vârtej (n) de apă	[vɨr'teʒ de 'apə]
stroom (de)	pârâu (n)	[pɨ'rɨu]

drink- (abn)	potabil	[po'tabil]
zoet (~ water)	nesărat	[nesə'rat]
ijs (het)	gheață (f)	['gⁱatsə]
bevriezen (rivier, enz.)	a îngheța	[a inge'tsa]

130. Namen van rivieren

Seine (de)	Sena (f)	['sena]
Loire (de)	Loara (f)	[lo'ara]
Theems (de)	Tamisa (f)	[ta'misa]
Rijn (de)	Rin (m)	[rin]
Donau (de)	Dunăre (f)	['dunəre]
Wolga (de)	Volga (f)	['volga]
Don (de)	Don (m)	[don]
Lena (de)	Lena (f)	['lena]
Gele Rivier (de)	Huang He (m)	[huan 'he]
Blauwe Rivier (de)	Yangtze (m)	[jants'zi]
Mekong (de)	Mekong (m)	[me'kong]
Ganges (de)	Gang (m)	[gang]
Nijl (de)	Nil (m)	[nil]
Kongo (de)	Congo (m)	['kongo]
Okavango (de)	Okavango (m)	[oka'vango]
Zambezi (de)	Zambezi (m)	[zam'bezi]
Limpopo (de)	Limpopo (m)	[limpo'po]
Mississippi (de)	Mississippi (m)	[misi'sipi]

131. Bos

bos (het)	pădure (f)	[pə'dure]
bos- (abn)	de pădure	[de pə'dure]
oerwoud (dicht bos)	desiş (n)	[de'siʃ]
bosje (klein bos)	pădurice (f)	[pədu'ritʃe]
open plek (de)	poiană (f)	[po'janə]
struikgewas (het)	tufiş (n)	[tu'fiʃ]
struiken (mv.)	arbust (m)	[ar'bust]
paadje (het)	cărare (f)	[kə'rare]
ravijn (het)	râpă (f)	['rɨpə]
boom (de)	copac (m)	[ko'pak]
blad (het)	frunză (f)	['frunzə]
gebladerte (het)	frunziş (n)	[frun'ziʃ]
vallende bladeren (mv.)	cădere (f) a frunzelor	[kə'dere a 'frunzelor]
vallen (ov. de bladeren)	a cădea	[a kə'dⁱa]

boomtop (de)	vârf (n)	[vɨrf]
tak (de)	ramură (f)	['ramurə]
ent (de)	creangă (f)	['krʲangə]
knop (de)	mugur (m)	['mugur]
naald (de)	ac (n)	[ak]
dennenappel (de)	con (n)	[kon]

boom holte (de)	scorbură (f)	['skorburə]
nest (het)	cuib (n)	[kujb]
hol (het)	vizuină (f)	[vizu'inə]

stam (de)	trunchi (n)	[trunkʲ]
wortel (bijv. boom~s)	rădăcină (f)	[rədə'tʃinə]
schors (de)	scoarţă (f)	[sko'artsə]
mos (het)	muşchi (m)	[muʃkʲ]

ontwortelen (een boom)	a defrişa	[a defri'ʃa]
kappen (een boom ~)	a tăia	[a tə'ja]
ontbossen (ww)	a doborî	[a dobo'rɨ]
stronk (de)	buturugă (f)	[butu'rugə]

kampvuur (het)	foc (n)	[fok]
bosbrand (de)	incendiu (n)	[in'tʃendju]
blussen (ww)	a stinge	[a 'stindʒe]

boswachter (de)	pădurar (m)	[pədu'rar]
bescherming (de)	protecţie (f)	[pro'tektsie]
beschermen (bijv. de natuur ~)	a ocroti	[a okro'ti]
stroper (de)	braconier (m)	[brako'njer]
val (de)	capcană (f)	[kap'kanə]

| plukken (vruchten, enz.) | a strânge | [a 'strindʒe] |
| verdwalen (de weg kwijt zijn) | a se rătăci | [a se rətə'tʃi] |

132. Natuurlijke hulpbronnen

natuurlijke rijkdommen (mv.)	resurse (f pl) naturale	[re'surse natu'rale]
delfstoffen (mv.)	bogăţii (f pl) minerale	[bogə'tsij mine'rale]
lagen (mv.)	depozite (n pl)	[de'pozite]
veld (bijv. olie~)	zăcământ (n)	[zəkə'mɨnt]

winnen (uit erts ~)	a extrage	[a eks'tradʒe]
winning (de)	obţinere (f)	[ob'tsinere]
erts (het)	minereu (n)	[mine'reu]
mijn (bijv. kolenmijn)	mină (f)	['minə]
mijnschacht (de)	puţ (n)	['puts]
mijnwerker (de)	miner (m)	[mi'ner]

| gas (het) | gaz (n) | [gaz] |
| gasleiding (de) | conductă (f) de gaze | [kon'duktə de 'gaze] |

| olie (aardolie) | petrol (n) | [pe'trol] |
| olieleiding (de) | conductă (f) de petrol | [kon'duktə de pe'trol] |

oliebron (de)	sondă (f) de ţiţei (n)	['sondə de tsi'tsej]
boortoren (de)	turlă (f) de foraj	['turlə de fo'raʒ]
tanker (de)	tanc (n) petrolier	['tank petro'ljer]

zand (het)	nisip (n)	[ni'sip]
kalksteen (de)	calcar (n)	[kal'kar]
grind (het)	pietriş (n)	[pe'triʃ]
veen (het)	turbă (f)	['turbə]
klei (de)	argilă (f)	[ar'dʒilə]
steenkool (de)	cărbune (m)	[kər'bune]

ijzer (het)	fier (m)	[fier]
goud (het)	aur (n)	['aur]
zilver (het)	argint (n)	[ar'dʒint]
nikkel (het)	nichel (n)	['nikel]
koper (het)	cupru (n)	['kupru]

zink (het)	zinc (n)	[zink]
mangaan (het)	mangan (n)	[man'gan]
kwik (het)	mercur (n)	[mer'kur]
lood (het)	plumb (n)	[plumb]

mineraal (het)	mineral (n)	[mine'ral]
kristal (het)	cristal (n)	[kris'tal]
marmer (het)	marmură (f)	['marmurə]
uraan (het)	uraniu (n)	[u'ranju]

De Aarde. Deel 2

133. Weer

weer (het)	timp (n)	[tɪmp]
weersvoorspelling (de)	prognoză (f) meteo	[prog'nozə 'meteo]
temperatuur (de)	temperatură (f)	[tempera'turə]
thermometer (de)	termometru (n)	[termo'metru]
barometer (de)	barometru (n)	[baro'metru]
vochtigheid (de)	umiditate (f)	[umidi'tate]
hitte (de)	caniculă (f)	[ka'nikulə]
heet (bn)	fierbinte	[fier'binte]
het is heet	e foarte cald	[e fo'arte kald]
het is warm	e cald	[e kald]
warm (bn)	cald	[kald]
het is koud	e frig	[e frig]
koud (bn)	rece	['retʃe]
zon (de)	soare (n)	[so'are]
schijnen (de zon)	a străluci	[a strəlu'tʃi]
zonnig (~e dag)	însorit	[inso'rit]
opgaan (ov. de zon)	a răsări	[a rəsə'ri]
ondergaan (ww)	a apune	[a a'pune]
wolk (de)	nor (m)	[nor]
bewolkt (bn)	înnorat	[inno'rat]
regenwolk (de)	nor (m)	[nor]
somber (bn)	mohorât	[moho'rît]
regen (de)	ploaie (f)	[plo'ae]
het regent	plouă	['plowə]
regenachtig (bn)	ploios	[plo'jos]
motregenen (ww)	a bura	[a bu'ra]
plensbui (de)	ploaie (f) torențială	[plo'ae toren'tsjalə]
stortbui (de)	rupere (f) de nori	['rupere de 'nori]
hard (bn)	puternic	[pu'ternik]
plas (de)	băltoacă (f)	[bəlto'akə]
nat worden (ww)	a se uda	[a se u'da]
mist (de)	ceață (f)	['tʃatsə]
mistig (bn)	cețos	[tʃe'tsos]
sneeuw (de)	zăpadă (f)	[zə'padə]
het sneeuwt	ninge	['nindʒe]

134. Zwaar weer. Natuurrampen

noodweer (storm)	furtună (f)	[fur'tunə]
bliksem (de)	fulger (n)	['fuldʒer]
flitsen (ww)	a fulgera	[a fuldʒe'ra]
donder (de)	tunet (n)	['tunet]
donderen (ww)	a tuna	[a tu'na]
het dondert	tună	['tunə]
hagel (de)	grindină (f)	[grin'dinə]
het hagelt	plouă cu gheaţă	['plowə ku 'gʲatsə]
overstromen (ww)	a inunda	[a inun'da]
overstroming (de)	inundaţie (f)	[inun'datsie]
aardbeving (de)	cutremur (n)	[ku'tremur]
aardschok (de)	zguduire (f)	[zgudu'ire]
epicentrum (het)	epicentru (m)	[epi'tʃentru]
uitbarsting (de)	erupţie (f)	[e'ruptsie]
lava (de)	lavă (f)	['lavə]
wervelwind (de)	vârtej (n)	[vɨr'teʒ]
windhoos (de)	tornadă (f)	[tor'nadə]
tyfoon (de)	taifun (n)	[taj'fun]
orkaan (de)	uragan (m)	[ura'gan]
storm (de)	furtună (f)	[fur'tunə]
tsunami (de)	tsunami (n)	[tsu'nami]
cycloon (de)	ciclon (m)	[tʃi'klon]
onweer (het)	vreme (f) rea	['vreme rʲa]
brand (de)	incendiu (n)	[in'tʃendju]
ramp (de)	catastrofă (f)	[katas'trofə]
meteoriet (de)	meteorit (m)	[meteo'rit]
lawine (de)	avalanşă (f)	[ava'lanʃə]
sneeuwverschuiving (de)	prăbuşire (f)	[prəbu'ʃire]
sneeuwjacht (de)	viscol (n)	['viskol]
sneeuwstorm (de)	viscol (n)	['viskol]

Fauna

135. Zoogdieren. Roofdieren

roofdier (het)	prădător (n)	[prədə'tor]
tijger (de)	tigru (m)	['tigru]
leeuw (de)	leu (m)	['leu]
wolf (de)	lup (m)	[lup]
vos (de)	vulpe (f)	['vulpe]
jaguar (de)	jaguar (m)	[ʒagu'ar]
luipaard (de)	leopard (m)	[leo'pard]
jachtluipaard (de)	ghepard (m)	[ge'pard]
panter (de)	panteră (f)	[pan'terə]
poema (de)	pumă (f)	['pumə]
sneeuwluipaard (de)	ghepard (m)	[ge'pard]
lynx (de)	râs (m)	[rɨs]
coyote (de)	coiot (m)	[ko'jot]
jakhals (de)	şacal (m)	[ʃa'kal]
hyena (de)	hienă (f)	[hi'enə]

136. Wilde dieren

dier (het)	animal (n)	[ani'mal]
beest (het)	animal (n) sălbatic	[ani'mal səl'batik]
eekhoorn (de)	veveriţă (f)	[veve'ritsə]
egel (de)	arici (m)	[a'ritʃi]
haas (de)	iepure (m)	['jepure]
konijn (het)	iepure (m) de casă	['jepure de 'kasə]
das (de)	bursuc (m)	[bur'suk]
wasbeer (de)	enot (m)	[e'not]
hamster (de)	hârciog (m)	[hɨr'tʃiog]
marmot (de)	marmotă (f)	[mar'motə]
mol (de)	cârtiţă (f)	['kɨrtitsə]
muis (de)	şoarece (m)	[ʃo'aretʃe]
rat (de)	şobolan (m)	[ʃobo'lan]
vleermuis (de)	liliac (m)	[lili'ak]
hermelijn (de)	hermină (f)	[her'minə]
sabeldier (het)	samur (m)	[sa'mur]
marter (de)	jder (m)	[ʒder]
wezel (de)	nevăstuică (f)	[nevəs'tujkə]
nerts (de)	nurcă (f)	['nurkə]

bever (de)   castor (m)   ['kastor]
otter (de)   vidră (f)   ['vidrə]

paard (het)   cal (m)   [kal]
eland (de)   elan (m)   [e'lan]
hert (het)   cerb (m)   [tʃerb]
kameel (de)   cămilă (f)   [kə'milə]

bizon (de)   bizon (m)   [bi'zon]
wisent (de)   zimbru (m)   ['zimbru]
buffel (de)   bivol (m)   ['bivol]

zebra (de)   zebră (f)   ['zebrə]
antilope (de)   antilopă (f)   [anti'lopə]
ree (de)   căprioară (f)   [kəprio'arə]
damhert (het)   ciută (f)   ['tʃiutə]
gems (de)   capră (f) neagră   ['kaprə 'nʲagrə]
everzwijn (het)   mistreţ (m)   [mis'trets]

walvis (de)   balenă (f)   [ba'lenə]
rob (de)   focă (f)   ['fokə]
walrus (de)   morsă (f)   ['morsə]
zeebeer (de)   urs (m) de mare   [urs de 'mare]
dolfijn (de)   delfin (m)   [del'fin]

beer (de)   urs (m)   [urs]
ijsbeer (de)   urs (m) polar   [urs po'lar]
panda (de)   panda (m)   ['panda]

aap (de)   maimuţă (f)   [maj'mutsə]
chimpansee (de)   cimpanzeu (m)   [tʃimpan'zeu]
orang-oetan (de)   urangutan (m)   [urangu'tan]
gorilla (de)   gorilă (f)   [go'rilə]
makaak (de)   macac (m)   [ma'kak]
gibbon (de)   gibon (m)   [dʒi'bon]

olifant (de)   elefant (m)   [ele'fant]
neushoorn (de)   rinocer (m)   [rino'tʃer]
giraffe (de)   girafă (f)   [dʒi'rafə]
nijlpaard (het)   hipopotam (m)   [hipopo'tam]

kangoeroe (de)   cangur (m)   ['kangur]
koala (de)   koala (f)   [ko'ala]

mangoest (de)   mangustă (f)   [man'gustə]
chinchilla (de)   şinşilă (f)   [ʃin'ʃilə]
stinkdier (het)   sconcs (m)   [skonks]
stekelvarken (het)   porc (m) spinos   [pork spi'nos]

137. Huisdieren

poes (de)   pisică (f)   [pi'sikə]
kater (de)   motan (m)   [mo'tan]
paard (het)   cal (m)   [kal]

hengst (de)	armăsar (m)	[armə'sar]
merrie (de)	iapă (f)	['japə]
koe (de)	vacă (f)	['vakə]
bul, stier (de)	taur (m)	['taur]
os (de)	bou (m)	['bou]
schaap (het)	oaie (f)	[o'ae]
ram (de)	berbec (m)	[ber'bek]
geit (de)	capră (f)	['kaprə]
bok (de)	ţap (m)	[tsap]
ezel (de)	măgar (m)	[mə'gar]
muilezel (de)	catâr (m)	[ka'tɨr]
varken (het)	porc (m)	[pork]
biggetje (het)	purcel (m)	[pur'tʃel]
konijn (het)	iepure (m) de casă	['jepure de 'kasə]
kip (de)	găină (f)	[gə'inə]
haan (de)	cocoş (m)	[ko'koʃ]
eend (de)	raţă (f)	['ratsə]
woerd (de)	răţoi (m)	[rə'tsoj]
gans (de)	gâscă (f)	['gɨskə]
kalkoen haan (de)	curcan (m)	[kur'kan]
kalkoen (de)	curcă (f)	['kurkə]
huisdieren (mv.)	animale (n pl) domestice	[ani'male do'mestitʃe]
tam (bijv. hamster)	domestic	[do'mestik]
temmen (tam maken)	a domestici	[a domesti'tʃi]
fokken (bijv. paarden ~)	a creşte	[a 'kreʃte]
boerderij (de)	fermă (f)	['fermə]
gevogelte (het)	păsări (f pl) de curte	[pəserʲ de 'kurte]
rundvee (het)	vite (f pl)	['vite]
kudde (de)	turmă (f)	['turmə]
paardenstal (de)	grajd (n)	[graʒd]
zwijnenstal (de)	cocină (f) de porci	[ko'tʃine de 'portʃi]
koeienstal (de)	grajd (n) pentru vaci	['graʒd 'pentru 'vatʃi]
konijnenhok (het)	cuşcă (f) pentru iepuri	['kuʃke 'pentru 'epurʲ]
kippenhok (het)	coteţ (n) de găini	[ko'tets de gə'inʲ]

138. Vogels

vogel (de)	pasăre (f)	['pasəre]
duif (de)	porumbel (m)	[porum'bel]
mus (de)	vrabie (f)	['vrabie]
koolmees (de)	piţigoi (m)	[pitsi'goj]
ekster (de)	coţofană (f)	[kotso'fanə]
raaf (de)	corb (m)	[korb]
kraai (de)	cioară (f)	[tʃio'arə]

| kauw (de) | stancă (f) | ['stankə] |
| roek (de) | cioară (f) de câmp | [tʃio'arə de 'kimp] |

eend (de)	raţă (f)	['ratsə]
gans (de)	gâscă (f)	['giskə]
fazant (de)	fazan (m)	[fa'zan]

arend (de)	acvilă (f)	['akvilə]
havik (de)	uliu (m)	['ulju]
valk (de)	şoim (m)	[ʃojm]
gier (de)	vultur (m)	['vultur]
condor (de)	condor (m)	[kon'dor]

zwaan (de)	lebădă (f)	['lebədə]
kraanvogel (de)	cocor (m)	[ko'kor]
ooievaar (de)	cocostârc (m)	[kokos'tirk]

papegaai (de)	papagal (m)	[papa'gal]
kolibrie (de)	pasărea (f) colibri	['pasərʲa ko'libri]
pauw (de)	păun (m)	[pə'un]

struisvogel (de)	struţ (m)	[struts]
reiger (de)	stârc (m)	[stirk]
flamingo (de)	flamingo (m)	[fla'mingo]
pelikaan (de)	pelican (m)	[peli'kan]

| nachtegaal (de) | privighetoare (f) | [privigeto'are] |
| zwaluw (de) | rândunică (f) | [rindu'nikə] |

lijster (de)	mierlă (f)	['merlə]
zanglijster (de)	sturz-cântător (m)	[sturz kintə'tor]
merel (de)	mierlă (f) sură	['merlə 'surə]

gierzwaluw (de)	lăstun (m)	[ləs'tun]
leeuwerik (de)	ciocârlie (f)	[tʃiokir'lie]
kwartel (de)	prepeliţă (f)	[prepe'litsə]

specht (de)	ciocănitoare (f)	[tʃiokənito'are]
koekoek (de)	cuc (m)	[kuk]
uil (de)	bufniţă (f)	['bufnitsə]
oehoe (de)	buha mare (f)	['buhə 'mare]
auerhoen (het)	cocoş (m) de munte	[ko'koʃ de 'munte]

| korhoen (het) | cocoş (m) sălbatic | [ko'koʃ səlba'tik] |
| patrijs (de) | potârniche (f) | [potir'nike] |

spreeuw (de)	graur (m)	['graur]
kanarie (de)	canar (m)	[ka'nar]
hazelhoen (het)	găinuşă de alun (f)	[gəi'nuʃə de a'lun]

| vink (de) | cinteză (f) | [tʃin'tezə] |
| goudvink (de) | botgros (m) | [bot'gros] |

meeuw (de)	pescăruş (m)	[peskə'ruʃ]
albatros (de)	albatros (m)	[alba'tros]
pinguïn (de)	pinguin (m)	[pigu'in]

139. Vis. Zeedieren

brasem (de)	plătică (f)	[ple'tikə]
karper (de)	crap (m)	[krap]
baars (de)	biban (m)	[bi'ban]
meerval (de)	somn (m)	[somn]
snoek (de)	ştiucă (f)	['ʃtjukə]
zalm (de)	somon (m)	[so'mon]
steur (de)	nisetru (m)	[ni'setru]
haring (de)	scrumbie (f)	[skrum'bie]
atlantische zalm (de)	somon (m)	[so'mon]
makreel (de)	macrou (n)	[ma'krou]
platvis (de)	cambulă (f)	[kam'bulə]
snoekbaars (de)	şalău (m)	[ʃa'ləu]
kabeljauw (de)	batog (m)	[ba'tog]
tonijn (de)	ton (m)	[ton]
forel (de)	păstrăv (m)	[pəs'trəv]
paling (de)	ţipar (m)	[tsi'par]
sidderrog (de)	peşte-torpilă (m)	['peʃte tor'pilə]
murene (de)	murenă (f)	[mu'renə]
piranha (de)	piranha (f)	[pi'ranija]
haai (de)	rechin (m)	[re'kin]
dolfijn (de)	delfin (m)	[del'fin]
walvis (de)	balenă (f)	[ba'lenə]
krab (de)	crab (m)	[krab]
kwal (de)	meduză (f)	[me'duzə]
octopus (de)	caracatiţă (f)	[kara'katitsə]
zeester (de)	stea de mare (f)	[st'a de 'mare]
zee-egel (de)	arici de mare (m)	[a'ritʃi de 'mare]
zeepaardje (het)	căluţ (m) de mare (f)	[ka'luts de 'mare]
oester (de)	stridie (f)	['stridie]
garnaal (de)	crevetă (f)	[kre'vetə]
kreeft (de)	stacoj (m)	[sta'koʒ]
langoest (de)	langustă (f)	[lan'gustə]

140. Amfibieën. Reptielen

slang (de)	şarpe (m)	['ʃarpe]
giftig (slang)	veninos	[veni'nos]
adder (de)	viperă (f)	['viperə]
cobra (de)	cobră (f)	['kobrə]
python (de)	piton (m)	[pi'ton]
boa (de)	şarpe (m) boa	['ʃarpe bo'a]
ringslang (de)	şarpe (m) de casă	['ʃarpe de 'kasə]

| ratelslang (de) | şarpe (m) cu clopoţei | ['ʃarpe ku klopo'tsej] |
| anaconda (de) | anacondă (f) | [ana'kondə] |

hagedis (de)	şopârlă (f)	[ʃo'pɨrlə]
leguaan (de)	iguană (f)	[igu'anə]
varaan (de)	şopârlă (f)	[ʃo'pɨrlə]
salamander (de)	salamandră (f)	[sala'mandrə]
kameleon (de)	cameleon (m)	[kamele'on]
schorpioen (de)	scorpion (m)	[skorpi'on]

schildpad (de)	broască (f) ţestoasă	[bro'askə tsesto'asə]
kikker (de)	broască (f)	[bro'askə]
pad (de)	broască (f) râioasă	[bro'askə rijo'asə]
krokodil (de)	crocodil (m)	[kroko'dil]

141. Insecten

insect (het)	insectă (f)	[in'sektə]
vlinder (de)	fluture (m)	['fluture]
mier (de)	furnică (f)	[fur'nikə]
vlieg (de)	muscă (f)	['muskə]
mug (de)	ţânţar (m)	[tsɨn'tsar]
kever (de)	gândac (m)	[gɨn'dak]

wesp (de)	viespe (f)	['vespe]
bij (de)	albină (f)	[al'binə]
hommel (de)	bondar (m)	[bon'dar]
horzel (de)	tăun (m)	[tə'un]

| spin (de) | păianjen (m) | [pə'janʒen] |
| spinnenweb (het) | pânză (f) de păianjen | ['pɨnzə de pə'janʒen] |

libel (de)	libelulă (f)	[libe'lulə]
sprinkhaan (de)	greier (m)	['greer]
nachtvlinder (de)	fluture (m)	['fluture]

kakkerlak (de)	gândac (m)	[gɨn'dak]
teek (de)	căpuşă (f)	[kə'puʃə]
vlo (de)	purice (m)	['puritʃe]
kriebelmug (de)	musculiţă (f)	[musku'litsə]

treksprinkhaan (de)	lăcustă (f)	[lə'kustə]
slak (de)	melc (m)	[melk]
krekel (de)	greier (m)	['greer]
glimworm (de)	licurici (m)	[liku'ritʃi]
lieveheersbeestje (het)	buburuză (f)	[bubu'ruzə]
meikever (de)	cărăbuş (m)	[kərə'buʃ]

bloedzuiger (de)	lipitoare (f)	[lipito'are]
rups (de)	omidă (f)	[o'midə]
aardworm (de)	vierme (m)	['verme]
larve (de)	larvă (f)	['larvə]

Flora

142. Bomen

boom (de)	copac (m)	[ko'pak]
loof- (abn)	foios	[fo'jos]
dennen- (abn)	conifer	[koni'fere]
groenblijvend (bn)	veşnic verde	['veʃnik 'verde]

appelboom (de)	măr (m)	[mər]
perenboom (de)	păr (m)	[pər]
zoete kers (de)	cireş (m)	[tʃi'reʃ]
zure kers (de)	vişin (m)	['viʃin]
pruimelaar (de)	prun (m)	[prun]

berk (de)	mesteacăn (m)	[mes'tʲakən]
eik (de)	stejar (m)	[ste'ʒar]
linde (de)	tei (m)	[tej]
esp (de)	plop tremurător (m)	['plop tremurə'tor]
esdoorn (de)	arţar (m)	[ar'tsar]
spar (de)	brad (m)	[brad]
den (de)	pin (m)	[pin]
lariks (de)	zadă (f)	['zadə]
zilverspar (de)	brad (m) alb	['brad 'alb]
ceder (de)	cedru (m)	['tʃedru]

populier (de)	plop (m)	[plop]
lijsterbes (de)	sorb (m)	[sorb]
wilg (de)	salcie (f)	['saltʃie]
els (de)	arin (m)	[a'rin]
beuk (de)	fag (m)	[fag]
iep (de)	ulm (m)	[ulm]
es (de)	frasin (m)	['frasin]
kastanje (de)	castan (m)	[kas'tan]

magnolia (de)	magnolie (f)	[mag'nolie]
palm (de)	palmier (m)	[palmi'er]
cipres (de)	chiparos (m)	[kipa'ros]

mangrove (de)	manglier (m)	[mangli'jer]
baobab (apenbroodboom)	baobab (m)	[bao'bab]
eucalyptus (de)	eucalipt (m)	[euka'lipt]
mammoetboom (de)	secvoia (m)	[sek'voja]

143. Heesters

struik (de)	tufă (f)	['tufə]
heester (de)	arbust (m)	[ar'bust]

| wijnstok (de) | viță (f) de vie | ['vitsə de 'vie] |
| wijngaard (de) | vie (f) | ['vie] |

frambozenstruik (de)	zmeură (f)	['zmeurə]
rode bessenstruik (de)	coacăz (m) roşu	[ko'akəz 'roʃu]
kruisbessenstruik (de)	agriş (m)	[a'griʃ]

acacia (de)	salcâm (m)	[sal'kim]
zuurbes (de)	lemn (m) galben	['lemn 'galben]
jasmijn (de)	iasomie (f)	[jaso'mie]
jeneverbes (de)	ienupăr (m)	[je'nupər]
rozenstruik (de)	tufă (f) de trandafir	['tufə de tranda'fir]
hondsroos (de)	măceş (m)	[mə'tʃeʃ]

144. Vruchten. Bessen

appel (de)	măr (n)	[mər]
peer (de)	pară (f)	['parə]
pruim (de)	prună (f)	['prunə]
aardbei (de)	căpşună (f)	[kəp'ʃunə]
zure kers (de)	vişină (f)	['viʃinə]
zoete kers (de)	cireaşă (f)	[tʃi'rʲaʃə]
druif (de)	struguri (m pl)	['strugurʲ]

framboos (de)	zmeură (f)	['zmeurə]
zwarte bes (de)	coacăză (f) neagră	[ko'akəzə 'nʲagrə]
rode bes (de)	coacăză (f) roşie	[ko'akəzə 'roʃie]
kruisbes (de)	agrişă (f)	[a'griʃə]
veenbes (de)	răchiţele (f pl)	[rəki'tsele]

sinaasappel (de)	portocală (f)	[porto'kalə]
mandarijn (de)	mandarină (f)	[manda'rinə]
ananas (de)	ananas (m)	[ana'nas]
banaan (de)	banană (f)	[ba'nanə]
dadel (de)	curmală (f)	[kur'malə]

citroen (de)	lămâie (f)	[lə'mie]
abrikoos (de)	caisă (f)	[ka'isə]
perzik (de)	piersică (f)	['pjersikə]
kiwi (de)	kiwi (n)	['kivi]
grapefruit (de)	grepfrut (n)	['grepfrut]

bes (de)	boabă (f)	[bo'abə]
bessen (mv.)	fructe (n pl) de pădure	['frukte de pə'dure]
vossenbes (de)	merişor (m)	[meri'ʃor]
bosaardbei (de)	frag (m)	[frag]
blauwe bosbes (de)	afină (f)	[a'finə]

145. Bloemen. Planten

| bloem (de) | floare (f) | [flo'are] |
| boeket (het) | buchet (n) | [bu'ket] |

roos (de)	trandafir (m)	[tranda'fir]
tulp (de)	lalea (f)	[la'lʲa]
anjer (de)	garoafă (f)	[garo'afə]
gladiool (de)	gladiolă (f)	[gladi'olə]
korenbloem (de)	albăstrea (f)	[albəs'trʲa]
klokje (het)	clopoţel (m)	[klopo'tsel]
paardenbloem (de)	păpădie (f)	[pəpə'die]
kamille (de)	romaniţă (f)	[roma'nitsə]
aloë (de)	aloe (f)	[a'loe]
cactus (de)	cactus (m)	['kaktus]
ficus (de)	ficus (m)	['fikus]
lelie (de)	crin (m)	[krin]
geranium (de)	muşcată (f)	[muʃ'katə]
hyacint (de)	zambilă (f)	[zam'bilə]
mimosa (de)	mimoză (f)	[mi'mozə]
narcis (de)	narcisă (f)	[nar'tʃisə]
Oost-Indische kers (de)	condurul-doamnei (m)	[kon'durul do'amnej]
orchidee (de)	orhidee (f)	[orhi'dee]
pioenroos (de)	bujor (m)	[bu'ʒor]
viooltje (het)	toporaş (m)	[topo'raʃ]
driekleurig viooltje (het)	pansele (f)	[pan'sele]
vergeet-mij-nietje (het)	nu-mă-uita (f)	[nu mə uj'ta]
madeliefje (het)	margaretă (f)	[marga'retə]
papaver (de)	mac (m)	[mak]
hennep (de)	cânepă (f)	['kinepə]
munt (de)	mentă (f)	['mentə]
lelietje-van-dalen (het)	lăcrămioară (f)	[ləkrəmjo'arə]
sneeuwklokje (het)	ghiocel (m)	[gio'tʃel]
brandnetel (de)	urzică (f)	[ur'zikə]
veldzuring (de)	măcriş (m)	[mə'kriʃ]
waterlelie (de)	nufăr (m)	['nufər]
varen (de)	ferigă (f)	['ferigə]
korstmos (het)	lichen (m)	[li'ken]
oranjerie (de)	seră (f)	['serə]
gazon (het)	gazon (n)	[ga'zon]
bloemperk (het)	strat (n) de flori	[strat de 'florʲ]
plant (de)	plantă (f)	['plantə]
gras (het)	iarbă (f)	['jarbə]
grasspriet (de)	fir (n) de iarbă	[fir de 'jarbə]
blad (het)	frunză (f)	['frunzə]
bloemblad (het)	petală (f)	[pe'talə]
stengel (de)	tulpină (f)	[tul'pinə]
knol (de)	tubercul (m)	[tu'berkul]
scheut (de)	mugur (m)	['mugur]

doorn (de)	ghimpe (m)	['gimpe]
bloeien (ww)	a înflori	[a inflo'ri]
verwelken (ww)	a se ofili	[a se ofe'li]
geur (de)	miros (n)	[mi'ros]
snijden (bijv. bloemen ~)	a tăia	[a tə'ja]
plukken (bloemen ~)	a rupe	[a 'rupe]

146. Granen, graankorrels

graan (het)	grăunțe (n pl)	[grə'untse]
graangewassen (mv.)	cereale (f pl)	[tʃere'ale]
aar (de)	spic (n)	[spik]

tarwe (de)	grâu (n)	['griu]
rogge (de)	secară (f)	[se'karə]
haver (de)	ovăz (n)	[ovəz]
gierst (de)	mei (m)	[mej]
gerst (de)	orz (n)	[orz]

maïs (de)	porumb (m)	[po'rumb]
rijst (de)	orez (n)	[o'rez]
boekweit (de)	hrişcă (f)	['hriʃkə]

erwt (de)	mazăre (f)	['mazəre]
nierboon (de)	fasole (f)	[fa'sole]
soja (de)	soia (f)	['soja]
linze (de)	linte (n)	['linte]
bonen (mv.)	boabe (f pl)	[bo'abe]

LANDEN. NATIONALITEITEN

147. West-Europa

Nederlands	Roemeens	Uitspraak
Europa (het)	Europa (f)	[eu'ropa]
Europese Unie (de)	Uniunea (f) Europeană	[uni'un:a euro'p:anə]
Oostenrijk (het)	Austria (f)	[a'ustrija]
Groot-Brittannië (het)	Marea Britanie (f)	['mar:a bri'tanie]
Engeland (het)	Anglia (f)	['anglija]
België (het)	Belgia (f)	['beldʒia]
Duitsland (het)	Germania (f)	[dʒer'manija]
Nederland (het)	Țările de Jos (f pl)	['tsərile de ʒos]
Holland (het)	Olanda (f)	[o'landa]
Griekenland (het)	Grecia (f)	['gretʃia]
Denemarken (het)	Danemarca (f)	[dane'marka]
Ierland (het)	Irlanda (f)	[ir'landa]
IJsland (het)	Islanda (f)	[is'landa]
Spanje (het)	Spania (f)	['spania]
Italië (het)	Italia (f)	[i'talia]
Cyprus (het)	Cipru (n)	['tʃipru]
Malta (het)	Malta (f)	['malta]
Noorwegen (het)	Norvegia (f)	[nor'vedʒia]
Portugal (het)	Portugalia (f)	[portu'galia]
Finland (het)	Finlanda (f)	[fin'landa]
Frankrijk (het)	Franța (f)	['frantsa]
Zweden (het)	Suedia (f)	[su'edia]
Zwitserland (het)	Elveția (f)	[el'vetsia]
Schotland (het)	Scoția (f)	['skotsia]
Vaticaanstad (de)	Vatican (m)	[vati'kan]
Liechtenstein (het)	Liechtenstein (m)	[lihten'ʃtajn]
Luxemburg (het)	Luxemburg (m)	[luksem'burg]
Monaco (het)	Monaco (m)	[mo'nako]

148. Centraal- en Oost-Europa

Nederlands	Roemeens	Uitspraak
Albanië (het)	Albania (f)	[al'banija]
Bulgarije (het)	Bulgaria (f)	[bul'garia]
Hongarije (het)	Ungaria (f)	[un'garia]
Letland (het)	Letonia (f)	[le'tonia]
Litouwen (het)	Lituania (f)	[litu'ania]
Polen (het)	Polonia (f)	[po'lonia]

Roemenië (het)	România (f)	[romɨnia]
Servië (het)	Serbia (f)	['serbija]
Slowakije (het)	Slovacia (f)	[slo'vatʃia]

Kroatië (het)	Croaţia (f)	[kro'atsia]
Tsjechië (het)	Cehia (f)	['tʃehija]
Estland (het)	Estonia (f)	[es'tonia]

Bosnië en Herzegovina (het)	Bosnia şi Herţegovina (f)	['bosnia ʃi hertsego'vina]
Macedonië (het)	Macedonia (f)	[matʃe'donia]
Slovenië (het)	Slovenia (f)	[slo'venia]
Montenegro (het)	Muntenegru (m)	[munte'negru]

149. Voormalige USSR landen

| Azerbeidzjan (het) | Azerbaidjan (m) | [azerbaj'dʒan] |
| Armenië (het) | Armenia (f) | [ar'menia] |

Wit-Rusland (het)	Belarus (f)	[bela'rus]
Georgië (het)	Georgia (f)	['dʒordʒia]
Kazakstan (het)	Kazahstan (n)	[kazah'stan]
Kirgizië (het)	Kîrgîzstan (m)	[kɨrgɨz'stan]
Moldavië (het)	Moldova (f)	[mol'dova]

| Rusland (het) | Rusia (f) | ['rusia] |
| Oekraïne (het) | Ucraina (f) | [ukra'ina] |

Tadzjikistan (het)	Tadjikistan (m)	[tadʒiki'stan]
Turkmenistan (het)	Turkmenistan (n)	[turkmeni'stan]
Oezbekistan (het)	Uzbekistan (n)	[uzbeki'stan]

150. Azië

Azië (het)	Asia (f)	['asia]
Vietnam (het)	Vietnam (n)	[viet'nam]
India (het)	India (f)	['india]
Israël (het)	Israel (n)	[isra'el]

China (het)	China (f)	['kina]
Libanon (het)	Liban (n)	[li'ban]
Mongolië (het)	Mongolia (f)	[mon'golia]

| Maleisië (het) | Malaezia (f) | [mala'ezia] |
| Pakistan (het) | Pakistan (n) | [paki'stan] |

Saoedi-Arabië (het)	Arabia (f) Saudită	[a'rabia sau'ditə]
Thailand (het)	Thailanda (f)	[taj'landa]
Taiwan (het)	Taiwan (m)	[taj'van]
Turkije (het)	Turcia (f)	['turtʃia]
Japan (het)	Japonia (f)	[ʒa'ponia]
Afghanistan (het)	Afganistan (n)	[afganis'tan]
Bangladesh (het)	Bangladeş (m)	[bangla'deʃ]

Indonesië (het)	**Indonezia** (f)	[indo'nezia]
Jordanië (het)	**Iordania** (f)	[jor'dania]
Irak (het)	**Irak** (n)	[i'rak]
Iran (het)	**Iran** (n)	[i'ran]
Cambodja (het)	**Cambodgia** (f)	[kam'bodʒia]
Koeweit (het)	**Kuweit** (n)	[kuve'it]
Laos (het)	**Laos** (n)	['laos]
Myanmar (het)	**Myanmar** (m)	[mjan'mar]
Nepal (het)	**Nepal** (n)	[ne'pal]
Verenigde Arabische Emiraten	**Emiratele** (n pl) **Arabe Unite**	[emi'ratele a'rabe u'nite]
Syrië (het)	**Siria** (f)	['sirija]
Palestijnse autonomie (de)	**Palestina** (f)	[pales'tina]
Zuid-Korea (het)	**Coreea** (f) **de Sud**	[ko'rea de 'sud]
Noord-Korea (het)	**Coreea** (f) **de Nord**	[ko'rea de 'nord]

151. Noord-Amerika

Verenigde Staten van Amerika	**Statele** (n pl) **Unite ale Americii**	['statele u'nite 'ale a'meritʃij]
Canada (het)	**Canada** (f)	[ka'nada]
Mexico (het)	**Mexic** (n)	['meksik]

152. Midden- en Zuid-Amerika

Argentinië (het)	**Argentina** (f)	[arʒen'tina]
Brazilië (het)	**Brazilia** (f)	[bra'zilia]
Colombia (het)	**Columbia** (f)	[ko'lumbia]
Cuba (het)	**Cuba** (f)	['kuba]
Chili (het)	**Chile** (n)	['tʃile]
Bolivia (het)	**Bolivia** (f)	[bo'livia]
Venezuela (het)	**Venezuela** (f)	[venezu'ela]
Paraguay (het)	**Paraguay** (n)	[paragu'aj]
Peru (het)	**Peru** (n)	['peru]
Suriname (het)	**Surinam** (n)	[suri'nam]
Uruguay (het)	**Uruguay** (n)	[urugu'aj]
Ecuador (het)	**Ecuador** (m)	[ekua'dor]
Bahama's (mv.)	**Insulele** (f pl) **Bahamas**	['insulele ba'hamas]
Haïti (het)	**Haiti** (n)	[ha'iti]
Dominicaanse Republiek (de)	**Republica** (f) **Dominicană**	[re'publika domini'kanə]
Panama (het)	**Panama** (f)	[pana'ma]
Jamaica (het)	**Jamaica** (f)	[ʒa'majka]

153. Afrika

Egypte (het)	Egipt (n)	[e'dʒipt]
Marokko (het)	Maroc (n)	[ma'rok]
Tunesië (het)	Tunisia (f)	[tu'nisia]
Ghana (het)	Ghana (f)	['gana]
Zanzibar (het)	Zanzibar (n)	[zanzi'bar]
Kenia (het)	Kenia (f)	['kenia]
Libië (het)	Libia (f)	['libia]
Madagaskar (het)	Madagascar (n)	[madagas'kar]
Namibië (het)	Namibia (f)	[na'mibia]
Senegal (het)	Senegal (n)	[sene'gal]
Tanzania (het)	Tanzania (f)	[tan'zania]
Zuid-Afrika (het)	Africa de Sud (f)	['afrika de sud]

154. Australië. Oceanië

Australië (het)	Australia (f)	[au'stralia]
Nieuw-Zeeland (het)	Noua Zeelandă (f)	['nowa zee'landə]
Tasmanië (het)	Tasmania (f)	[tas'mania]
Frans-Polynesië	Polinezia (f)	[poli'nezia]

155. Steden

Amsterdam	Amsterdam (n)	['amsterdam]
Ankara	Ankara (f)	[an'kara]
Athene	Atena (f)	[a'tena]
Bagdad	Bagdad (n)	[bag'dad]
Bangkok	Bangkok (m)	[ba'nkok]
Barcelona	Barcelona (f)	[barse'lona]
Beiroet	Beirut (n)	[bej'rut]
Berlijn	Berlin (n)	[ber'lin]
Boedapest	Budapesta (f)	[buda'pesta]
Boekarest	București (n)	[buku'reʃtʲ]
Bombay, Mumbai	Bombay (n)	[bom'bej]
Bonn	Bonn (n)	[bon]
Bordeaux	Bordeaux (n)	[bor'do]
Bratislava	Bratislava (f)	[bratislava]
Brussel	Bruxelles (n)	[bruk'sel]
Caïro	Cairo (n)	[ka'iro]
Calcutta	Calcutta (f)	[kal'kuta]
Chicago	Chicago (n)	[tʃi'kago]
Dar Es Salaam	Dar es Salaam (n)	[dar es sala'am]
Delhi	Delhi, New Delhi (m)	['deli], [nju 'deli]
Den Haag	Haga (f)	['haga]

Dubai	Dubai (n)	[du'baj]
Dublin	Dublin (n)	[dub'lin]
Düsseldorf	Düsseldorf (m)	[djusel'dorf]
Florence	Florenţa (f)	[flo'rentsa]

Frankfort	Frankfurt (m)	['frankfurt]
Genève	Geneva (f)	[dʒe'neva]
Hamburg	Hamburg (n)	['hamburg]
Hanoi	Hanoi (n)	[ha'noj]
Havana	Havana (f)	[ha'vana]

Helsinki	Helsinki (n)	['helsinki]
Hiroshima	Hiroşima (f)	[hiro'ʃima]
Hongkong	Hong-Kong (n)	['hong 'kong]
Istanbul	Istanbul (n)	[istan'bul]
Jeruzalem	Ierusalim (n)	[jerusa'lim]
Kiev	Kiev (n)	[ki'ev]

Kopenhagen	Copenhaga (f)	[kopen'haga]
Kuala Lumpur	Kuala Lumpur (m)	[ku'ala lum'pur]
Lissabon	Lisabona (f)	[lisa'bona]
Londen	Londra (f)	['londra]
Los Angeles	Los Angeles (n)	['los 'andʒeles]

Lyon	Lyon (m)	[li'on]
Madrid	Madrid (n)	[ma'drid]
Marseille	Marsilia (f)	[mar'silia]
Mexico-Stad	Mexico City (n)	['meksiko 'siti]
Miami	Miami (n)	[ma'jami]

Montreal	Montreal (m)	[monre'al]
Moskou	Moscova (f)	['moskova]
München	Munchen (m)	['mjunhen]
Nairobi	Nairobi (n)	[naj'robi]
Napels	Napoli (m)	['napoli]

New York	New York (n)	[nju 'jork]
Nice	Nisa (f)	['nisa]
Oslo	Oslo (n)	['oslo]
Ottawa	Ottawa (f)	[ot'tava]
Parijs	Paris (n)	[pa'ris]

Peking	Beijing (n)	[bej'ʒing]
Praag	Praga (f)	['praga]
Rio de Janeiro	Rio de Janeiro (n)	['rio de ʒa'nejro]
Rome	Roma (f)	['roma]
Seoel	Seul (n)	[se'ul]
Singapore	Singapore (n)	[singa'pore]

Sint-Petersburg	Sankt Petersburg (n)	['sankt peters'burg]
Sjanghai	Shanghai (m)	[ʃan'haj]
Stockholm	Stockholm (m)	['stokholm]
Sydney	Sydney (m)	['sidnej]
Taipei	Taipei (m)	[taj'pej]
Tokio	Tokio (n)	['tokio]
Toronto	Toronto (n)	[to'ronto]

Venetië	**Veneţia** (f)	[ve'netsia]
Warschau	**Varşovia** (f)	[var'ʃovia]
Washington	**Washington** (n)	['waʃington]
Wenen	**Viena** (f)	[vi'ena]

www.ingramcontent.com/pod-product-compliance
Lightning Source LLC
Chambersburg PA
CBHW070558050426
42450CB00011B/2906